Knopf ab?

Schnelle Hilfe für Näh-Notfälle

Joan Gordon

OZ creativ

Erstausgabe 2009
Guild of Master Craftsman Publications Ltd
Castle Place, 166 High Street,
Lewes, East Sussex BN7 1XU
Text Copyright © Joan Gordon, 2009
© Gesamtwerk GMC Publications Ltd, 2009

Mitherausgeber: Jonathan Bailey
Produktionsleiter: Jim Bulley
Redaktionsleiter: Gerrie Purcell
Senior Projektmanagement: Virginia Brehaut
Editorin: Naomi Waters
Leitende Chefredakteurin: Gilda Pacitti
Designerin: Alison Walper
Farbliche Gestaltung: GMC Reprographics
Fotos für die Schritt-für-Schritt-Anleitungen:
Anthony Bailey
Illustrationen: Sophie Joyce

Rechte der deutschen Ausgabe:
© 2012 Christophorus Verlag GmbH & Co. KG,
Freiburg

ISBN 978-3-8410-6169-0
Art.-Nr. OZ6169
Alle Rechte vorbehalten.

Übersetzung: Angela Letmathe
Lektorat: Claudia Schmidt
Redaktion: Claudia Schuh
Covergestaltung und Satz: GrafikwerkFreiburg

Sämtliche Modelle, Illustrationen und Fotos sind urheberrechtlich geschützt. Jede gewerbliche Nutzung ist untersagt. Dies gilt auch für eine Vervielfältigung bzw. Verbreitung über elektronische Medien.

Autorin und Verlag haben die größtmögliche Sorgfalt walten lassen, um sicherzustellen, dass alle Angaben und Anleitungen korrekt sind, können jedoch im Falle unrichtiger Angaben keinerlei Haftung für eventuelle Folgen, direkte oder indirekte, übernehmen. Die gezeigten Materialien sind zeitlich unverbindlich. Der Verlag übernimmt für Verfügbarkeit und Lieferbarkeit keine Gewähr und keine Haftung.

Printed in China

Inhalt

Einleitung 8
Reparatur-Nähsets 10
Stoffe 14
Grundlagen 16

1 Zugeknöpft

Einen Zwei-Loch-Knopf
annähen 28
Einen Vier-Loch-Knopf
annähen 30
Einen Ösenknopf annähen 32
Ein Knopfloch nähen 34
Ein Knopfloch ausbessern 36
Haken und Ösen annähen 38
Haken und Ösen auf
Taillenbünde nähen 40
Druckknöpfe annähen 42
Alternative Verschlüsse 44
Klettverschlüsse annähen 46
Klettverschlüsse aufbügeln 48
Metall-Druckverschlüsse
auswechseln 50
Metall-Ösen in Stoff
auswechseln 52
Metallknöpfe und dekorative
Nieten an Jeans anbringen 54
Löcher in Ledergürtel stanzen ... 56

2 Ruck zuck repariert

Tacker 60
Doppelseitiges Klebeband 60
Sicherheitsnadeln 60
Textilkleber 62
Papierklemmen 62
Broschen 62
Flicken zum Aufbügeln 62
Dekorative Motive zum
Aufbügeln 64
Selbstklebende Klettverschlüsse .. 64

3 Auf & zu

Beidseitig verdeckter
Reißverschluss 68
Einseitig verdeckter
Reißverschluss 70
Hosenreißverschluss 72
Unsichtbarer Reißverschluss 74

4 Nähte einfach

Eine Naht mit Rückstich
reparieren 78
Kleidung enger machen 80
Kleidung weiter machen 82
Die Naht im Hosenschritt
reparieren 84
Nähte an elastischem Stoff
reparieren 86

5 Super gesäumt

Saumband zum Aufbügeln 90
Säumen mit Hexenstich 92
Unsichtbare Säume mit
transparentem Garn und
Bügeleinlage 94
Säumen mit Saumstich 96
Ausgefranste Säume an
Hosenbeinen reparieren 98
Einen Saum mit der
Nähmaschine absteppen 102
Einen Saum mit Blindstich mit
der Nähmaschine nähen 104
Den Saum eines gefütterten
Rocks reparieren 106
Einen Saum auslassen 108
Kleidung kürzen 110
Saumlinien abdecken 112
Einen Rollsaum an
empfindlichen Stoffen nähen ... 114
Elastische Stoffe mit der
Nähmaschine säumen 116

6 Frauensache

BH-Träger reparieren 120
BH-Verlängerung befestigen ... 122
Rutschende BH-Träger auf
den Schultern halten 124
Bügel-BH reparieren 126

7 Fest & fertig

Schnellreparatur mit
Bügeleinlage 130
Ein Loch stopfen 132
Ziehfäden in Strickwaren
reparieren 134
Löcher in elastischen Stoffen
ausbessern und verdecken 136
Unsichtbare Reparaturen an
grobmaschigen Webstoffen 138
Eingerissene Hemdtaschen
entfernen oder reparieren 140
Halsausschnitt verengen 142
Weit geschnittene Kleidung
auf figurbetonte Passform
ändern 144
Abnäher in ein Top oder
eine Bluse nähen 146
Das Ausbeulen von Röcken
verhindern 148
Variationen mit
Schulterpolstern 150

Taillenbund eines Rocks
entfernen 152
Taillenbund eines Rocks oder
einer Hose weiter machen 154
Taillenbund eines Rocks oder
einer Hose enger machen 156
Tunnelzugband auswechseln .. 158
Griff am Reißverschluss-
schieber erneuern 160
Abnäher in Falten ändern 162
Falten in Abnäher ändern 164

Hersteller 166
Glossar 170
Nähmaschinennadeln 172
Über die Autorin 173
Stichwortverzeichnis 174

EINLEITUNG

In unserem hektischen Alltag haben wir meist wenig Muße oder Lust, Kleidung selbst auszubessern, wie es früher noch ganz selbstverständlich war. Diese Zeiten sind vorbei, ebenso das Stopfen von Socken, die danach für alle Ewigkeit hielten. Viele Grundkenntnisse zum Thema Nähen und Ausbessern sind heute tatsächlich verloren gegangen.

Sicher kennen Sie das auch: Seit Ewigkeiten liegen Kleidungsstücke im Wäschekorb begraben und warten sehnsüchtig darauf, dass der Riss geflickt oder der abgerissene Knopf endlich wieder angenäht wird. Und auch das ist schon passiert: ein abgerissener Träger oder eine aufgeplatzte Hosennaht kurz vor einem heißen Date oder wichtigen Meeting!

Auch wenn Ihnen keine Großmutter mehr zeigt, wie man ein solches Problem löst (oder es Ihnen im Idealfall sogar abnimmt!), verzagen Sie nicht! *Knopf ab?* zeigt Ihnen, wie Sie derartige Situationen souverän meistern. Wenn sich die Knöpfe Ihres Lieblingsshirts verabschieden oder eine Naht gerade dann aufplatzt, wenn Sie sich nur schnell umziehen wollen, legen Sie das Teil nicht gleich zur Seite, sondern machen Sie schnell eine kleine Reparatur und genießen Sie Ihr Outfit danach umso mehr!

Selbst wenn Sie noch nie einen Faden in eine Nadel eingefädelt haben, finden Sie in den „Grundlagen" schnelle Hilfe. Aber auch Fortgeschrittene finden zahlreiche pfiffige Tricks, um sich manche Näharbeit zu vereinfachen.

Alle Näharbeiten werden mit Schritt-für-Schritt-Fotografien und Illustrationen detailliert erläutert. Die meisten Arbeiten werden von Hand ausgeführt, denn kleidungsbedingte Notsituationen treten meist keineswegs dann auf, wenn Sie völlig entspannt neben Ihrer Nähmaschine stehen. Für manche Arbeiten, die nicht gerade Notfalllösungen darstellen, werden beide Möglichkeiten erläutert.

Einige Ausbesserungsarbeiten werden in unterschiedlichen Kapiteln erläutert, sodass man die geeignete Vorgehensweise für ein bestimmtes Reparaturproblem finden kann. Das Kapitel „Ruck zuck repariert" verrät Ihnen Tricks für den akuten Notfall, also wenn nicht einmal Nadel und Faden in greifbarer Nähe ist. Sie werden überrascht sein, was man alles mit einem Tacker oder ein paar Sicherheitsnadeln bewerkstelligen kann!

Darüber hinaus finden Sie aber noch viel mehr als nur Notfallmaßnahmen zur schnellen Reparatur, z. B. wenn Sie Ihre Lieblingskleidungsstücke weiter oder enger machen wollen. Zahlreiche geniale Tipps zeigen Ihnen, wie Sie Ihre aus der Form geratene Kleidung wieder aufpeppen können, wie etwa einen ausgeleierten Halsausschnitt oder den Lieblingsrock, der beginnt, Beulen zu schlagen.

Wenn Sie bisher noch keine Erfahrung mit Näharbeiten zu Reparaturzwecken haben, wird *Knopf ab?* vermutlich ganz schnell Ihr Retter in der Not für kleidungsbedingte Alltags- und Spezialprobleme werden.

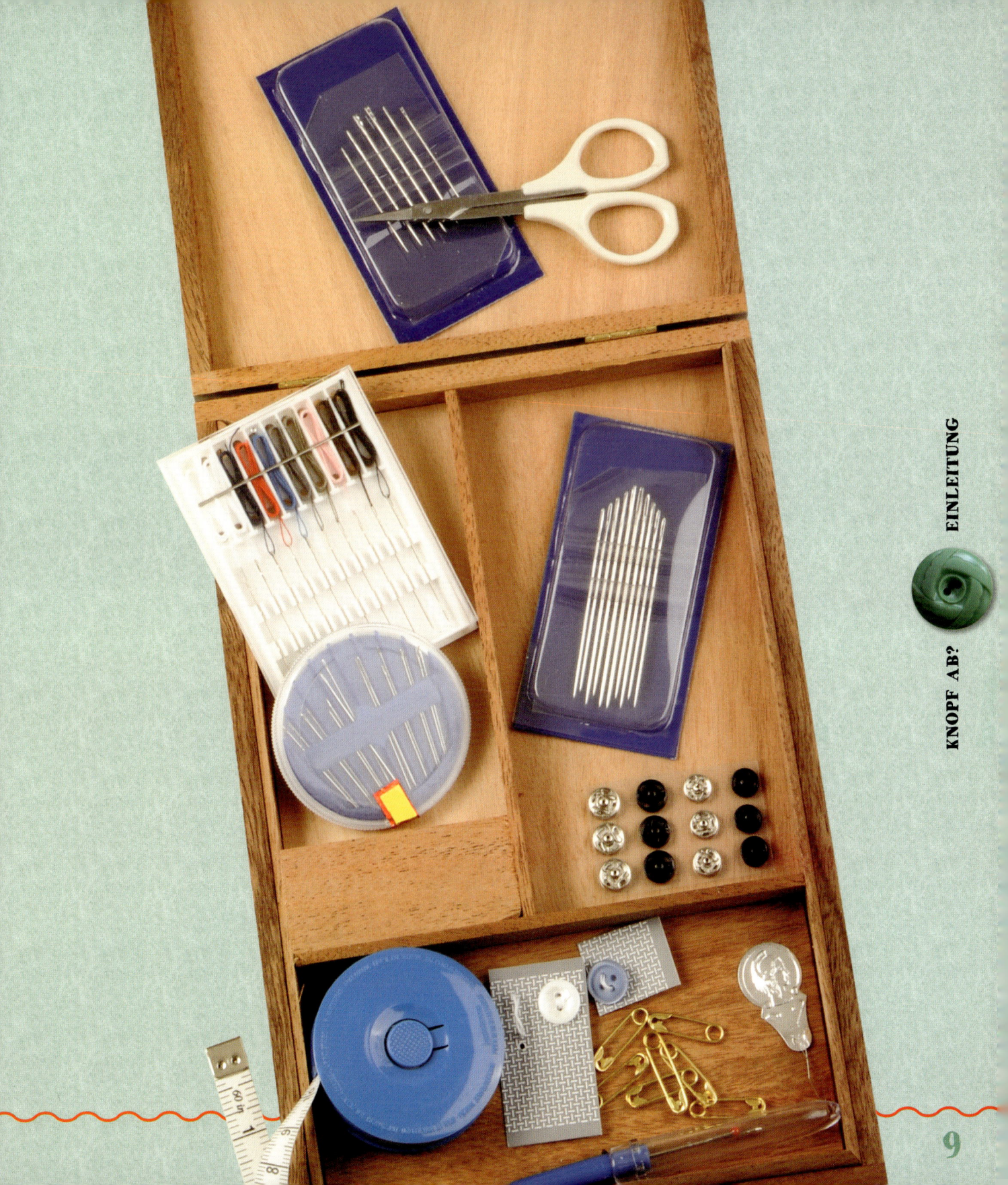

KNOPF AB? EINLEITUNG

Reparatur-Nähsets

„Gleich getan ist viel gespart", heißt es. Halten Sie daher eine kleine Grundausrüstung einfachen Nähmaterials in einer Schachtel bereit. Deponieren Sie einige kleine Notfallschachteln mit einer Minimalausstattung an Nähmaterial im Auto oder in der Handtasche, im Schreibtisch am Arbeitsplatz oder eine für die nächste Urlaubsreise.

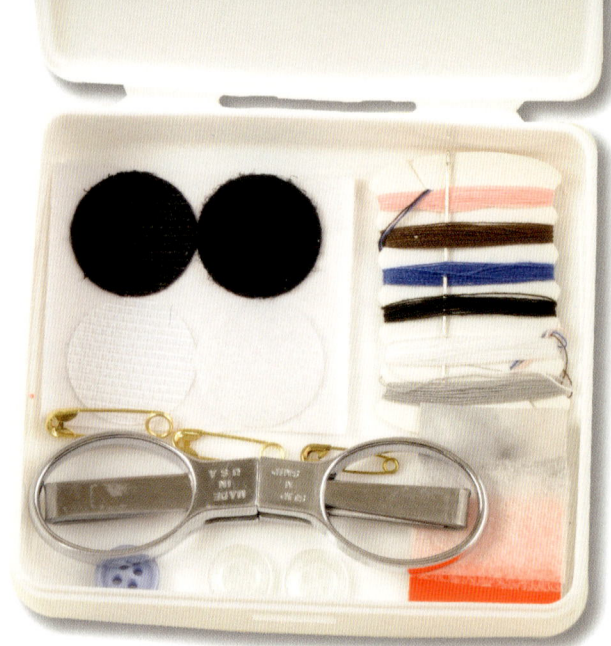

Nähkästchen

Kaufhäuser und Kurzwarenhandlungen haben jede Menge Nähkästchen im Sortiment. Oft sind diese aber recht teuer. Eine ganze Reihe kostengünstiger Alternativen finden sich in jedem Haushalt. Eine Plastikbox für Angelzubehör ist zum Beispiel ideal, denn sie verfügt über viele kleine Fächer, in denen man viele Kleinteile unterbringen kann. Oder beziehen Sie einen Schuhkarton mit Tapete oder Stoff, dann passt er auch schon zum Design Ihrer Möbel. Ein nobleres Nähkästchen zum Vorzeigen finden Sie gewiss im Bastelgeschäft oder in einem Laden, in dem es neben praktischen auch dekorative Artikel gibt.

Nähset für die Reise

Ein Mini-Set passt leicht in die Handtasche oder sogar ins Portemonnaie. Ein umfangreicheres Set sollte im Koffer für die Reise oder im Handschuhfach verstaut werden. Diese Sets ermöglichen Ihnen unterwegs nahezu jede Notfall-Reparatur.

Verschärfte Sicherheitsmaßnahmen auf Flughäfen haben dazu geführt, dass sogar die harmlosesten spitzen oder scharfen Gegenstände (z. B. eine Nagel- oder kleine Schere) aus dem Handgepäck konfisziert werden. Auf Reisen bewahren Sie Ihr Reparaturset lieber im Koffer auf, den Sie beim Check-in aufgeben.

Inhalt für das Reisenähset

- Klappschere
- Garn in den Grundfarben, auf eine Karte gewickelt
- 2 Hemdknöpfe
- 2 Sicherheitsnadeln
- Saumband zum Aufbügeln
- Selbstklebender Klettverschluss
- Eine dünne Sticknadel

Näh- und Reparaturset für zu Hause

- **A** Päckchen unterschiedlich großer Nähnadeln
- **B** Polyester-Nähgarn
- **C** Baumwoll-Nähgarn
- **D** Maßband
- **E** Lineal
- **F** Stecknadeln und Nadelkissen
- **G** Wasserlöslicher Stoffmarkierstift
- **H** Schneiderkreide
- **I** Sicherheitsnadeln
- **J** Saumband

REPARATUR-NÄHSETS

KNOPF AB?

REPARATUR-NÄHSETS – KNOPF AB?

Nähnadeln
Je dünner der Stoff, mit dem Sie arbeiten, umso dünner und schärfer sollte die Nähnadel sein. Stumpfe Nähnadeln verhaken sich in den Fasern der Kleidung und können sie beschädigen.

Polyester- und Baumwollgarn
Verwenden Sie stets Qualitätsgarn. Preiswertes Garn wird häufig aus kurzen Fasern hergestellt, wodurch es schneller reißen kann und Nähte schneller aufplatzen. Preiswertes Garn ist normalerweise locker aufgewickelt und glänzt kaum. Garn von guter Qualität wird aus langen Fasern gesponnen. Die Fasern fühlen sich weich an und schimmern seidenmatt. Prüfen Sie grundsätzlich die Qualität des Garns, bevor Sie damit nähen. Wickeln Sie dazu ein kleines Stück Garn um einen Finger und ziehen es ruckartig stramm. Wenn das Garn reißt, taugt es nichts und sollte entsorgt werden. Polyestergarn eignet sich für die meisten Reparaturen. Für Kleidung aus Leinen oder reiner Baumwolle sollte man Baumwollgarn wählen.

Schneiderkreide
Mit Schneiderkreide kann man etwas auf Stoff markieren. Die Kreide lässt sich mit einer Bürste oder einem Schwamm abbürsten.

Wasserlösliche Stoffmarkierstifte
Mit diesen Markierstiften kann man prima die exakte Position von Nähten auf Stoff einzeichnen. Mit einem feuchten Lappen oder einem Pumpsprüher mit Wasser kann man den Stoff befeuchten, bis sich die Linie auflöst.

Saumband
Hierbei handelt es sich um ein sehr feines Klebeband, das bei Erwärmung mit dem Bügeleisen mit den Stofffasern verschmilzt. Vor Gebrauch immer die Hinweise des Herstellers beachten!

Haken, Ösen und Druckknöpfe
Diese Verschlüsse gibt es aus Metall oder Plastik, in vielen unterschiedlichen Farben und Größen.

Schneiderschere
Eine Schere zum Schneiden von Stoff wird stumpf, wenn man sie für Papier, Pappe oder Plastik verwendet.

Stickschere
Kleine, scharfe und spitze Schere – ideal zum Abschneiden von Fäden dicht am Stoff, ohne die Naht oder den Stoff zu beschädigen.

Bügelflicken
Vorgefertigte Stoffflicken mit wärmelöslichem Klebstoff auf der Rückseite. Man verwendet sie für Schnellreparaturen, häufig auf Jeans-Kleidung.

Dekorative Motivflicken
Gestickte Flicken mit Motiven, die man von Hand auf die Kleidung aufnähen kann.

Bügeleinlage
Hierbei handelt es sich um eine Kunstfaser, die einseitig mit wärmelöslichem Klebstoff beschichtet ist. Sie wird auf die Innenseite von Kleidung oder Stoff aufgebügelt, um dem Stoff mehr Festigkeit und Formstabilität zu verleihen.

Textilkleber
Wählen Sie einen Textilkleber, der sich für eine Vielzahl unterschiedlicher Materialien eignet, und prüfen Sie, ob er nach dem Trocknen farblos ist.

- **K** Schneiderschere
- **L** Stickschere
- **M** Knöpfe mit zwei und vier Löchern für Hemden und Blusen und Ösenknöpfe für Mäntel und Jacken
- **N** Haken und Ösen: Kleine für Blusen, große für Jeans, Kleider und Hosen
- **O** Druckknöpfe
- **P** Bügelflicken
- **Q** Dekorative Motivflicken
- **R** Bügeleinlage + Kantenfix
- **S** Gummiband
- **T** Textilkleber
- **U** Schrägband für Säume
- **V** Reißverschlüsse: Metall, Kunststoff, transparent
- **W** Selbstklebende Klettpunkte und Nahtband
- **X** Fingerhut
- **Y** Einfädler
- **Z** Nahttrenner

KNOPF AB? REPARATUR-NÄHSETS

Stoffe

Hier werden nur die wichtigsten Stoffe für moderne Kleidung beschrieben. Es gibt so viele verschiedene Materialien, dass hier leider nicht alle erwähnt und beschrieben werden können. Die hier genannten werden Ihnen zumindest helfen, die in diesem Buch verwendeten Stoffe zuzuordnen.

Leinen ist ein haltbarer und verfeinerter, edler Stoff. Die stärkste aller Pflanzenfasern ist zudem weich und fusselfrei. Nach jedem Waschen wird es weicher und feiner. Die Leinenfasern werden aus dem Stängel der Flachs-Pflanze ausgezogen. Der natürliche Wachsgehalt verleiht Leinenstoffen Glanz und Schimmer. Die Fasern sind leicht zu färben und können sehr heiß gewaschen werden. Die „Knitteroptik" von Kleidung aus Leinen ist Teil seines natürlichen Charakters ❶.

Baumwolle kann Feuchtigkeit (und somit auch Schweiß) gut speichern und ist atmungsaktiv. Baumwollstoffe werden häufig merzerisiert, um die Kleidung besonders pflegeleicht zu machen. Die Fasern werden der Samenschote der Baumwollpflanze entnommen. Diese sind in der Mitte hohl und sehen unter dem Mikroskop wie ein eingedrehtes Band aus. Hohe Wasch- und Bügeltemperaturen können der Baumwolle nichts anhaben. Außerdem ist sie verhältnismäßig widerstandsfähig gegen Verschleiß und angenehm zu tragen. Baumwolle wird häufig mit anderen Fasern, wie z. B. Polyester, Leinen oder Wolle, gemischt, um dadurch auch die jeweils besten Eigenschaften der beteiligten Fasern zu „vereinen" ❷.

Seide zeichnet sich durch ihre Vielseitigkeit, ihre Haltbarkeit und ihren Tragekomfort aus. Seide ist die stärkste Naturfaser. Sie absorbiert Feuchtigkeit, wodurch sie im Sommer kühlt und im Winter wärmt. Seide wird von der Seidenspinnerraupe produziert. Wenn sich die Raupe im Verlauf ihres Lebenszyklus' verpuppt, wird die Seide geerntet. Die Kokons werden weich gekocht, die Fäden abgewickelt und versponnen. Wegen ihrer starken Saugfähigkeit kann Seide leicht in sehr dunklen Farben gefärbt werden. Seidenstoffe behalten ihre Form, umschmeicheln den Körper und schimmern sanft. Der Einsatzbereich von Seide reicht von edler Abendgarderobe bis hin zu Sportbekleidung. Kleidung aus Seide kann das ganze Jahr über getragen werden ❸.

Wolle wird aus verschiedenen Tierfellen gewonnen. Die Fasern sind gewellt und gelockt, wodurch Lufteinschlüsse entstehen, die bewirken, dass Wolle hervorragend isoliert. Die äußere Faseroberfläche besteht aus vielen geriffelten Schuppen, die sich überlappen. Nicht nur, dass Wollfasern sofort wieder in den Ursprungszustand zurückkehren, wenn sie geknüllt und geknittert wurden, sie können auch bis zu 30 % ihres Gewichts an Feuchtigkeit aufnehmen, ohne sich nass anzufühlen. Ihre einzigartigen Eigenschaften ermöglichen formgebende Bearbeitung und einfachen Zuschnitt. Wolle gehört zu den beliebtesten Stoffen der Qualitätsschneiderei. Darüber hinaus ist sie schmutz- und feuerabweisend ❹.

Polyester ist eine starke und knitterfreie Kunstfaser, weshalb sie für Kleidung gerne verarbeitet wird. Polyester schmilzt bei mittleren bis hohen Temperaturen und muss daher vorsichtig gebügelt werden. Polyester-Garne sind sehr elastisch und reißfest ❺.

A

C

D

B

E

KNOPF AB? STOFFE

15

Grundlagen

Mit wenigen einfachen Grundtechniken, Nahtformen und Stichen können Sie die in diesem Buch gezeigten Reparaturen und Änderungen an Ihrer Kleidung vornehmen. Machen Sie sich keine Sorgen: Selbst wenn Sie noch niemals zuvor in Ihrem Leben eine Nadel angefasst haben sollten, sind diese Techniken und Stiche wirklich ausgesprochen einfach anhand der Schritt-für-Schritt-Anleitungen zu erlernen.

Einen Faden in eine Nähnadel einfädeln

Schritt 1
Ein ca. 45 cm langes Stück Faden von der Garnrolle abschneiden. Ein Fadenende auf die Höhe des Nadelöhrs einer Nähnadel bringen ❶.

Schritt 2
Das Fadenende durch das Nadelöhr fädeln und den Faden auf der anderen Seite durchziehen ❷.

das Nadelöhr — *der Nadelschaft*

Einen Faden mit einem Nadeleinfädler einfädeln

Schritt 1
Bei einer Nähnadel mit sehr kleinem Öhr ist ein Einfädler sehr hilfreich. Zunächst den Draht des Einfädlers durch das Öhr stecken ❶.

Schritt 2
Den Faden durch die Drahtöse des Einfädlers stecken ❷.

Schritt 3
Die Draht-Öse des Einfädlers mitsamt Faden durch das Nadelöhr zurückziehen ❸ und den Faden aus der Draht-Öse ziehen. Falls der verwendete Faden für die geplante Näharbeit nicht ausreicht, verknoten Sie den Faden und schneiden Sie ihn kurz hinter dem letzten Stich ab. Einen neuen Faden wie beschrieben einfädeln und die Näharbeit fortsetzen.

Einen Knoten machen 1 – mit einem einzelnen Faden

Meist näht man mit einem einzelnen Faden. Wenn Sie ihn eingefädelt haben, ziehen Sie ein Ende soweit hindurch, bis es länger als das andere ist. Der Knoten kommt in das längere Ende. Alternativ mehrere Stiche am Beginn der Näharbeit übereinandersetzen, bis der Faden befestigt ist.

Einen Faden in eine Nähnadel einfädeln

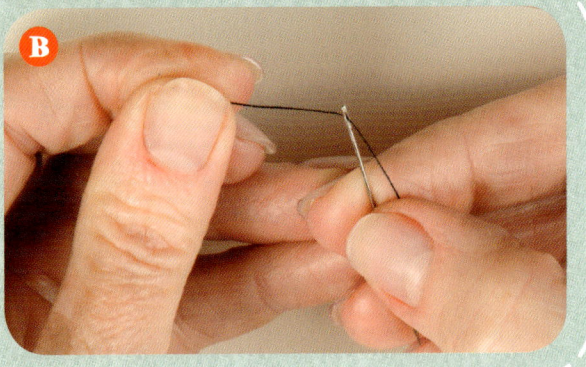

Einen Faden mit einem Nadeleinfädler einfädeln

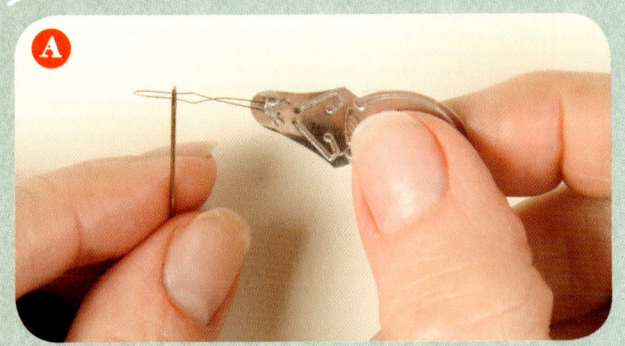
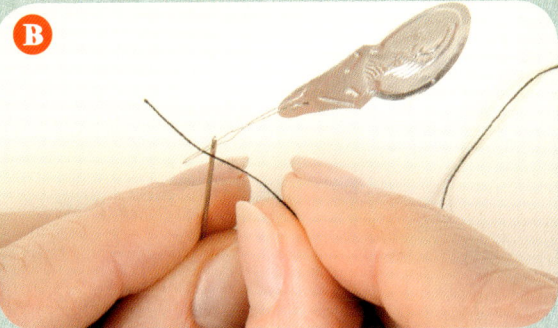

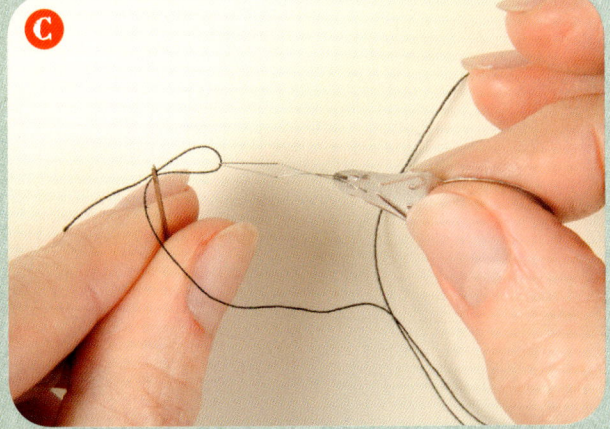

Einen Knoten machen 1

Einen Knoten machen 2 – mit doppeltem Faden

Wenn Sie mit einem sehr dicken Stoff arbeiten oder durch mehrere Stofflagen hindurchnähen möchten, kann es erforderlich sein, mit doppeltem Faden zu nähen, damit die Naht stark genug wird.

Schritt 1
Fädeln Sie einen Faden ein (Seite 16) und ziehen Sie beide Enden auf gleiche Länge. Bilden Sie eine kleine Schlaufe. Ziehen Sie die beiden Fadenenden durch die Schlaufe und dann stramm zu einem Knoten **A**.

Schritt 2
Die Fadenenden hinter dem Knoten etwas zurückschneiden **B**.

Nähte auftrennen

Schnellverfahren

Schritt 1
Jeden Stich mit der Spitze einer scharfen Schere durchschneiden **A**.

Schritt 2
Den Faden auf der anderen Seite der Naht mit einer Steck- oder Nähnadel vom Stoff abheben und entfernen.

Einen Nahttrenner verwenden

Halten Sie den Nahttrenner mit Ihrer bevorzugten Hand. Schieben Sie die Spitze der Schneide unter den Stich. Der Stich sollte genau in die Mitte der u-förmigen Aussparung rutschen. Das Werkzeug leicht nach oben und vorwärts bewegen **B**. Die feine, innenliegende Schneide wird dabei den Faden durchtrennen.

STICHARTEN

Sechs einfache Stiche reichen aus, um Ihr Näh-Grundrepertoire zu vervollständigen: der Vorstich, der Knopflochstich, der Saumstich, der Hexenstich, der Rückstich und der Zickzackstich. Darüber hinaus können Sie mit Ihrer Nähmaschine noch einige weitere einfache Stiche nähen.

Vorstich

Mit diesem Stich näht man zwei Stofflagen zusammen.

Schritt 1
Die Nahtlinie mit einem Stoffmarkierstift auf dem Stoff anzeichnen **A**. Diese Linie hilft, die Naht gerade zu nähen. Wenn Sie zwei Stofflagen zusammennähen, heften Sie die Stoffe zuerst, um zu verhindern, dass sie beim Nähen verrutschen.

Schritt 2
Mit der eingefädelten Nadel von unten nach oben stechen.

Schritt 3
Einen kleinen Stich machen **B**, dann die Nadel auf die andere Seite der Stofflagen hindurchziehen **C**.

Schritt 4
Etwas Abstand zwischen dem Ende des ersten Stiches und dem Anfang des nächsten Stiches lassen. Die Nadel wieder von unten nach oben durch den Stoff stechen, dabei darauf achten, dass Sie auf der Mitte der Linie nähen **D**. Einen weiteren kleinen Stich **E** entlang der markierten Linie machen. Bis zum Ende der gewünschten Naht so weiterarbeiten **F**. Am Ende einen Knoten machen und den Faden abschneiden.

Einen Knoten machen 2

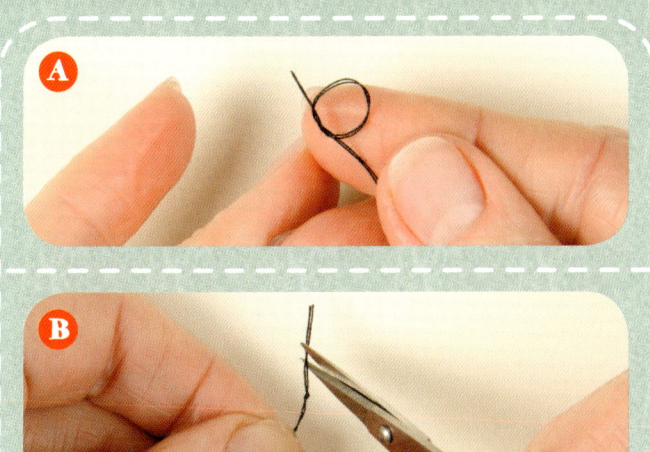

Nähte auftrennen

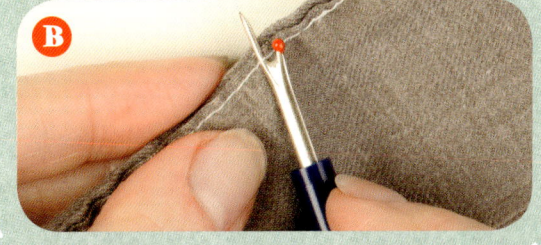

Vorstich

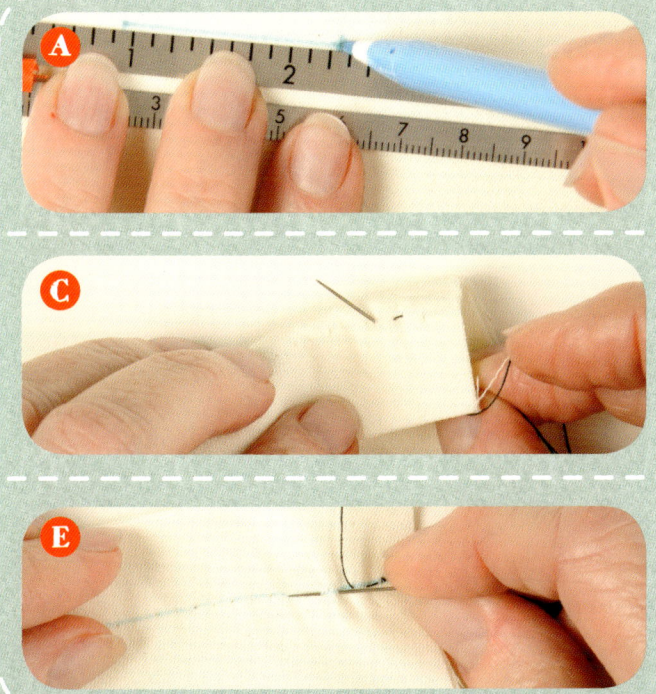

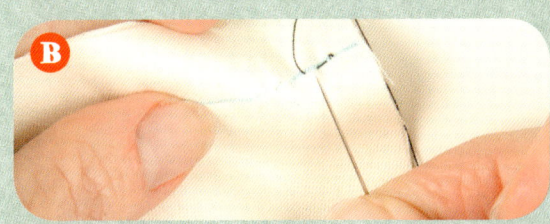

GRUNDLAGEN

KNOPF AB?

Knopflochstich

Mit diesem Stich werden Knopflöcher genäht, indem man die offenen Schnittkanten rund um den Schlitz befestigt. Außerdem verwendet man ihn zum Annähen von Knöpfen und anderen Verschlüssen.

Schritt 1
Eine spitze Nähnadel einfädeln und einen Knoten in ein Fadenende machen. Arbeiten Sie mit der rechten Stoffseite nach oben. Zu Beginn stechen Sie die Nadel 2 mm neben dem Knopfloch (hier mit einem Markierstift markiert) von unten nach oben durch. Dann stechen Sie durch das Knopfloch nach unten und kommen direkt neben dem ersten Stich wieder nach oben. Legen Sie den Faden am Durchstich unter die Spitze der Nähnadel **Ⓐ**.

Schritt 2
Ziehen Sie die Nadel gerade durch den Stoff. Der Faden wirft dabei eine Schlaufe **Ⓑ**, die die offene Schnittkante des Knopfloches umhüllen wird. Mit weiteren derartigen Stichen rund um das Knopfloch (oder den jeweiligen Verschluss) fortfahren. Die Stiche entweder sehr dicht nebeneinandersetzen, um eine Kante zu befestigen, oder weiter auseinander, um eine Kante lediglich zu verzieren. Wenn Sie mit dem Nähen fertig sind, den Faden auf der linken Seite der Arbeit mit einem Knoten sichern.

Saumstich

Der Saumstich kann vielseitig eingesetzt werden, denn er ist schnell und einfach zu nähen. Nähen Sie mit ihm Säume oder schließen Sie aufgeplatzte Nähte, auch Schulterpolster können damit an der Innenseite der Kleidung befestigt werden.

Einen Saum mit Saumstich ausbessern

Schritt 1
Arbeiten Sie von rechts nach links. Einen langen Faden in der Farbe des Stoffes in eine Nähnadel einfädeln und einen Knoten in ein Fadenende machen. Den Knoten durch einen kleinen Stich in den Saum befestigen **Ⓐ**–**Ⓑ**.

Schritt 2
Mit der Spitze der Nähnadel einige wenige Gewebefäden an der Innenseite des Kleidungsstückes aufnehmen **Ⓒ**.

Schritt 3
Die Nähnadel unter die innere Bruchkante des Saums **Ⓓ** führen, einstechen und sie dann durch den Stoff ziehen, bis der Faden vollständig durch das Gewebe hindurchgezogen ist und flach aufliegt.

Schritt 4
Die Nähnadel unter die Bruchkante führen, einen kleinen Einstich durch den gesamten Saum machen, die Nadel nach oben durchziehen, wodurch sich der Spalt zwischen Stoff und Saum an dieser Stelle schließt **Ⓔ**.

Schritt 5
Den Stich wiederholen, dabei die Fäden im Stoff des Kleidungsstückes bei jedem Stich in die gleiche Richtung aufnehmen. Die Stiche so gleichmäßig wie möglich setzen, indem die Abstände zwischen den Einstichen gleich groß gehalten werden **Ⓕ**. Wenn der Saum fertig genäht ist, einen kleinen Knoten in das Fadenende machen und den Faden dahinter mit etwas Abstand abschneiden.

Knopflochstich

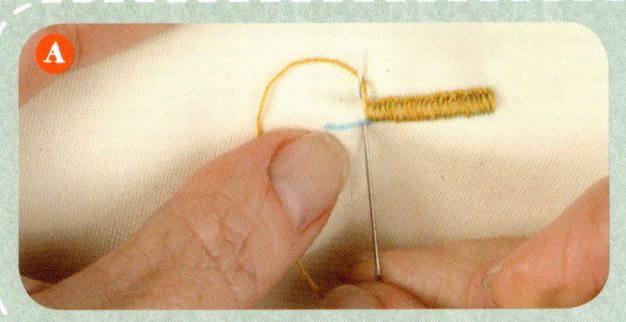

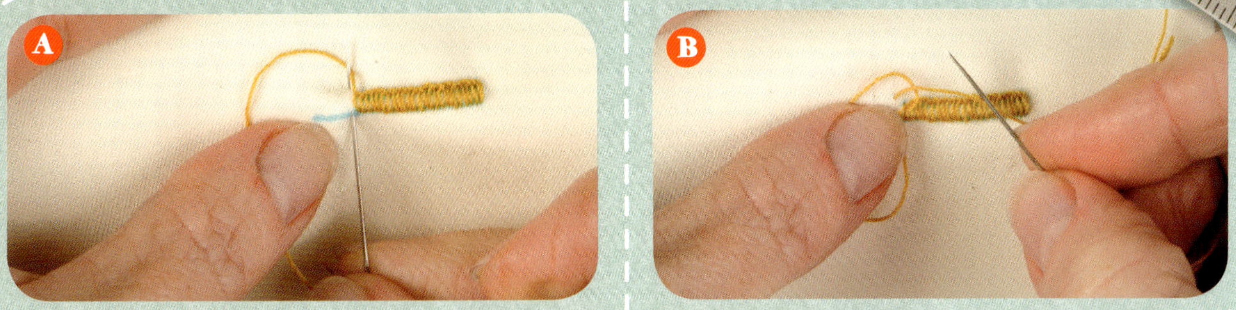

Saumstich

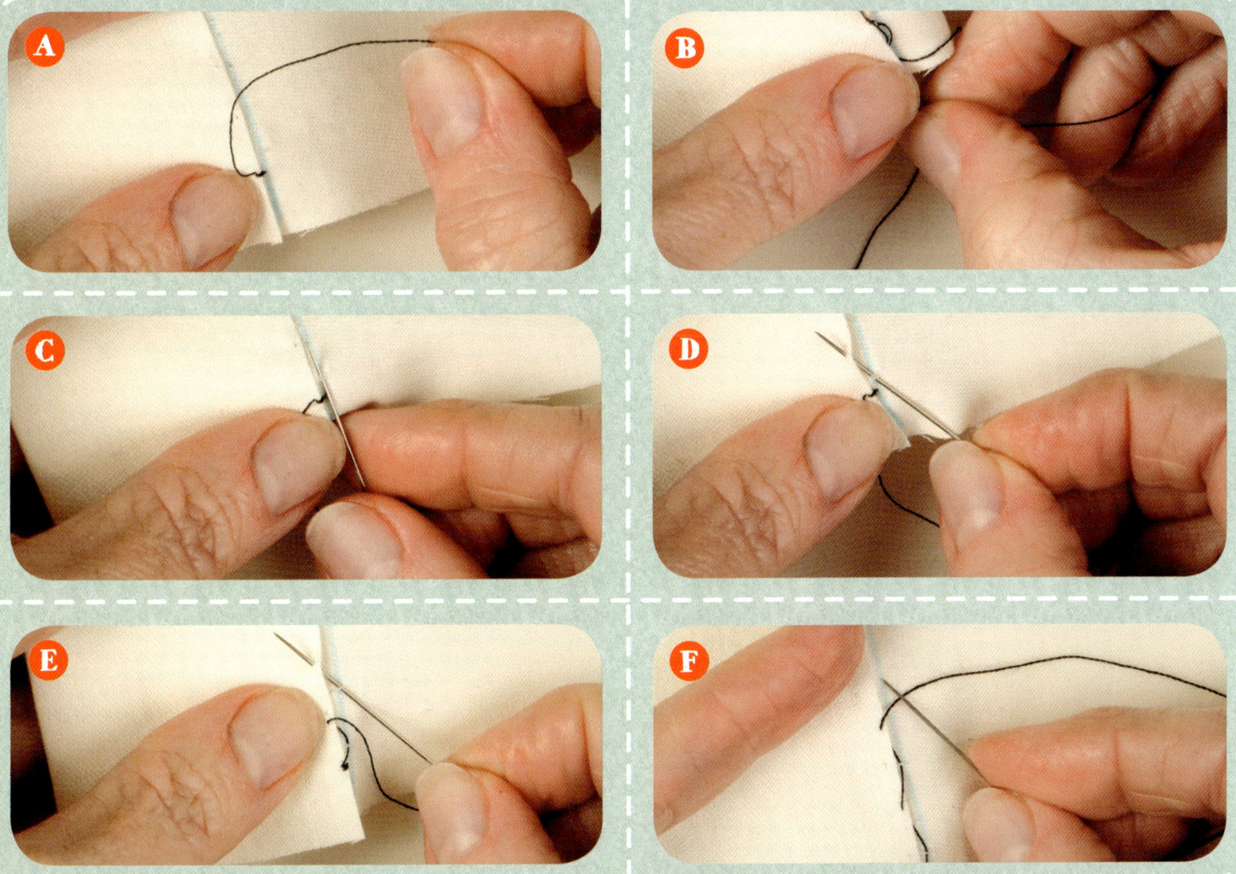

GRUNDLAGEN

KNOPF AB?

Hexenstich

Mit diesem Stich wird ein einfacher Saum mit offener Stoffkante befestigt.

Schritt 1
Dieser Stich wird von links nach rechts gearbeitet. Zu Beginn wird der Faden mit wenigen kleinen Stichen an der Saumkante befestigt.

Schritt 2
Ziehen Sie den Faden etwa 6 mm weit diagonal nach rechts oben über die Saumkante hinweg. Dort stechen Sie die Nadel ein und machen einen kleinen Stich von rechts nach links ❹.

Schritt 3
Nun den Faden diagonal nach rechts unten führen und einen kleinen Stich von rechts nach links in den Saum machen ❺.

Schritt 4
Die Nadel durchziehen und diagonal rechts oben den nächsten Stich von rechts nach links arbeiten. Jedes Mal, wenn der Faden diagonal weitergeführt wird, kreuzen sich die Fäden ❻. Die Stiche so fortsetzen, bis der Saum fertig befestigt ist ❼, dabei sollten Stichlänge und Abstand zwischen den Stichen möglichst immer gleich groß sein ❽.

GRUNDLAGEN

KNOPF AB?

Rückstich

Der Rückstich ist der stabilste und sicherste der von Hand ausgeführten Stiche für Säume oder für das Zusammennähen zweier Stoffe. Dieser Stich ähnelt auf der Oberseite dem Steppstich einer Nähmaschine.

Schritt 1
Dieser Stich wird von rechts nach links gearbeitet. Zu Beginn den Faden mit einigen kleinen, übereinandergesetzten Stichen befestigen.

Schritt 2
Einen kleinen geraden Stich von oben nach unten durch den Stoff machen, an der Stoffunterseite eine Stichlänge frei lassen und die Nadel wieder nach oben durchstechen ❹.

Schritt 3
Den Faden ganz durchziehen, dann in den ersten Einstich erneut einstechen (den Faden also nach rechts führen) und so die durch Schritt 2 entstandene Lücke in der Naht füllen. Die Nadel eine Stichlänge nach dem Austrittsloch des vorherigen Stichs wieder nach oben stechen ❺. Die Nadel wird auf der Stoffunterseite also eine doppelte Stichlänge weit geführt.

Schritt 4
Schritt 3 so oft wiederholen, bis die Naht fertig ist und die Stoffe verbunden sind ❻. Den Faden verknoten und mit etwas Abstand zum Knoten abschneiden.

Hexenstich

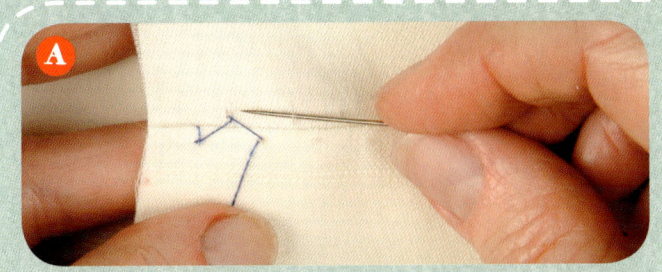
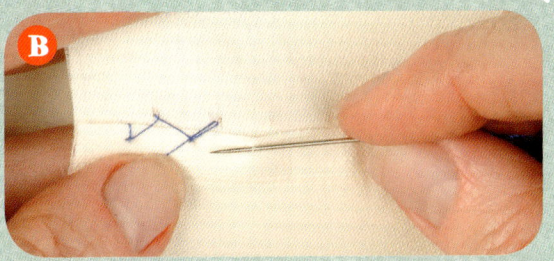
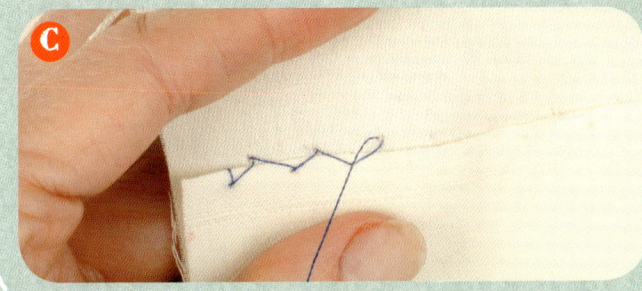
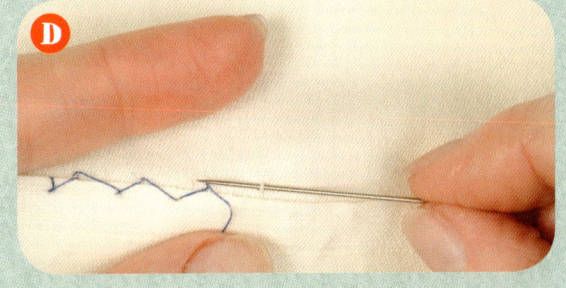

Rückstich

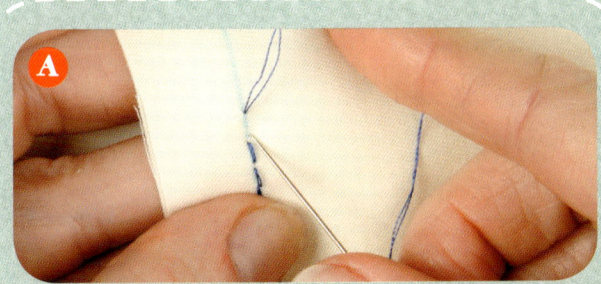
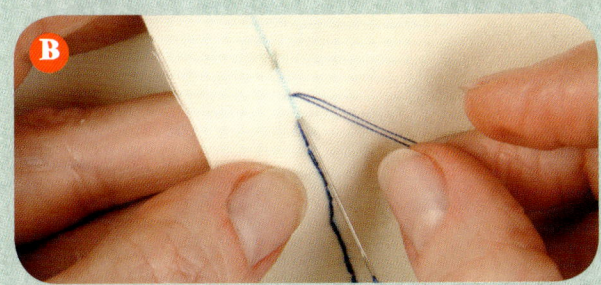
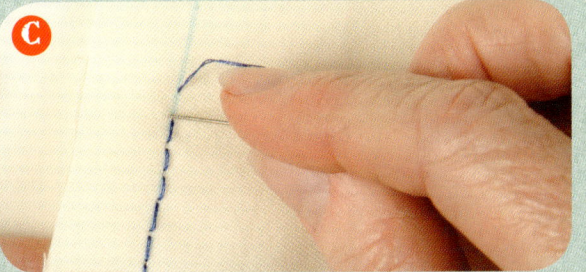

GRUNDLAGEN

KNOPF AB?

Zickzack- oder Overlockstich

Mit diesem Stich werden die offenen Stoffkanten von Säumen überdeckt, um ein Ausfransen zu verhindern. Auch wenn Sie Nahtzugaben von elastischen Stoffen zusammenfassen und versäubern, bleiben die Nähte an Hals- oder Armausschnitten elastisch, ohne dass der Faden reißt.

Schritt 1
Einen Polyesterfaden in eine Nähnadel einfädeln und einen Knoten machen. An der linken Kante von unten nach oben durch den Stoff stechen **A**.

Schritt 2
Den Faden nach oben über die offene Stoffkante führen und durch den Anfangsstich wieder nach oben stechen. Von vorne durch den oberen Teil der entstandenen Schlaufe stechen und den Faden nach links ziehen. Noch einmal durch den Anfangsstich stechen und den Faden diesmal diagonal nach rechts über die Kante führen, Nadel von vorne durch die Schlaufe führen und nach rechts ziehen **B**.

Schritt 3
Den nächsten Stich mit etwas Abstand beginnen, dabei jeweils Schritt 1–2 wiederholen **C**.

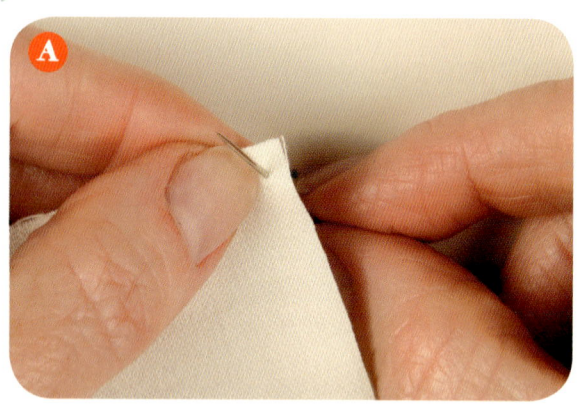

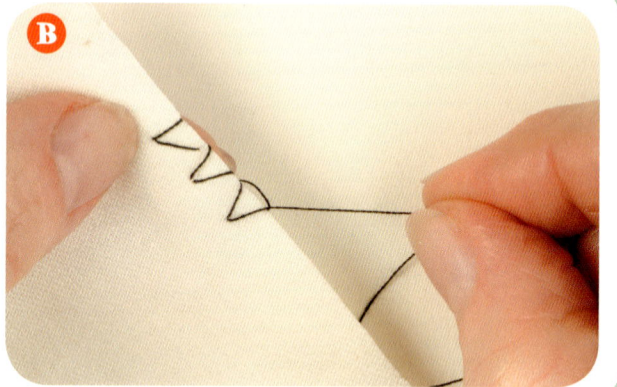

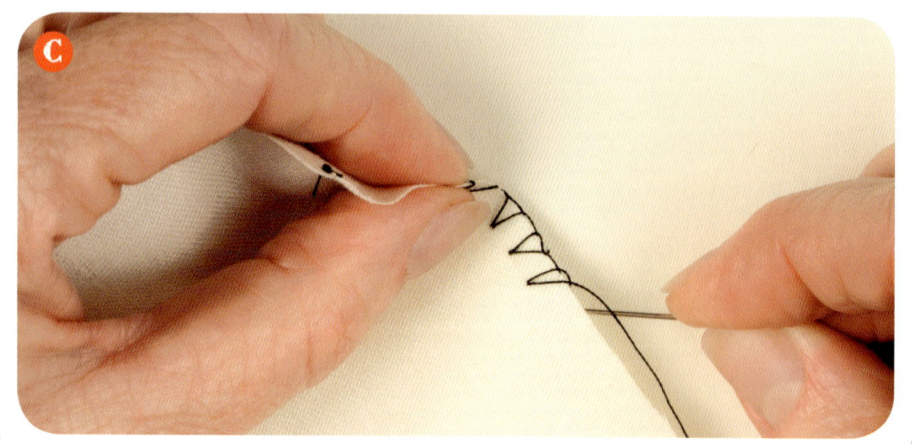

Nähmaschine

Die Anleitungen in diesem Buch für Arbeiten mit der Nähmaschine setzen Grundkenntnisse voraus. In der Abbildung unten werden die wichtigsten Merkmale, die bei den meisten Nähmaschinen vergleichbar sind, gezeigt.

Wie alle wertvollen Werkzeuge sollten auch Nähmaschinen regelmäßig gesäubert und gewartet werden. Wenn Ihre Maschine schon alt ist und seit längerer Zeit nicht benutzt wurde, sollten Sie sie von einem Fachmann überholen lassen. Das Fett im Getriebekasten kann sich mit der Zeit verfestigen, sodass die Maschine beim Nähen möglicherweise Schaden nimmt. Darüber hinaus sollten Sie die Maschine nach einer bestimmten Betriebszeit jeweils ölen. Wo genau dieses Tröpfchen Öl angebracht werden muss, lesen Sie in der Bedienungsanleitung Ihrer Maschine nach. Viele Kunstfasern, wie z. B. Polyester, machen die Nähnadel schnell stumpf. Deshalb sollte auch die Nähnadel nach ca. sechs Stunden Nähzeit ausgewechselt werden, denn stumpfe Nadeln beschädigen den Stoff. Eine Grundausstattung an Nähnadeln ist daher unerlässlich. Wählen Sie beim Kauf eine Packung mit gemischten Nähnadeln in den Größen 70 (für dünnere Stoffe) bis 90 (für schwerere Stoff, wie Jeans o. ä.).

Wenn Sie planen, eine neue Nähmaschine zu kaufen, lohnt es sich, darüber nachzudenken, welche Ansprüche Sie an Ihre Nähmaschine stellen: Wollen Sie die Maschine nur für Reparaturarbeiten an Kleidung nutzen, dann reicht eine gebrauchte Maschine in gutem Zustand vollkommen aus. Wollen Sie ein Hosenbein oder den Ärmel eines Hemds leicht bearbeiten können, dann sollte die Auflagefläche der Maschine entfernt werden können, um einen schmaleren Freiarm zu erhalten. Eine wichtige Zeit sparende Grundfunktion ist eine (halb)automatische Knopflochfunktion und als Zubehör ein Knopflochfuß.

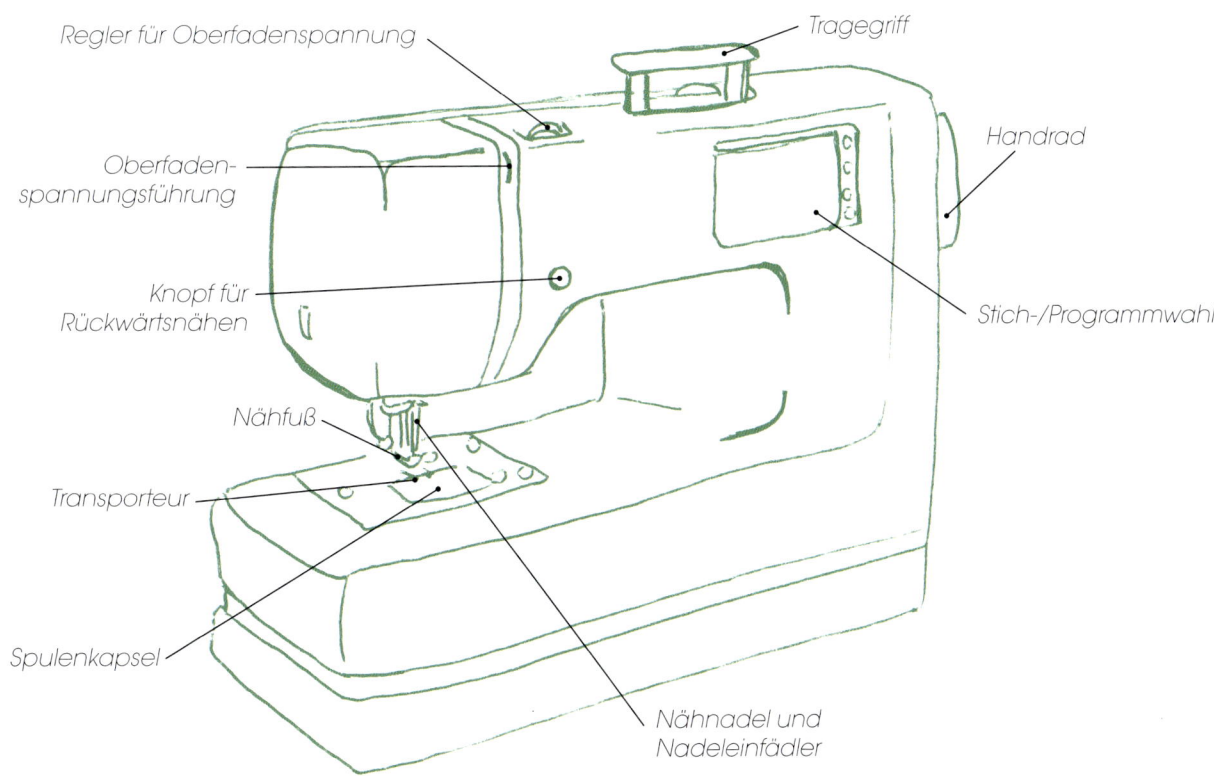

- Regler für Oberfadenspannung
- Oberfadenspannungsführung
- Knopf für Rückwärtsnähen
- Nähfuß
- Transporteur
- Spulenkapsel
- Tragegriff
- Handrad
- Stich-/Programmwahl
- Nähnadel und Nadeleinfädler

Zugeknöpft

Einen Zwei-Loch-Knopf annähen

Wem ist das noch nicht passiert? Ein Knopf vom edlen Hemd oder der Lieblingsbluse fällt ab oder verschwindet. Das gute Stück wird mit dem Vorsatz weggelegt, den Knopf irgendwann wieder anzunähen. Nun, das wird niemals geschehen, wenn Sie es nicht gleich machen! Hier lernen Sie in fünf einfachen Schritten, wie's geht.

Schritt 1
Fädeln Sie einen farblich passenden Polyesterfaden in eine Nähnadel ein (hier wird der Deutlichkeit halber kontrastierendes Nähgarn verwendet). Knoten Sie die Fadenenden zusammen (siehe Seite 16–19).

Schritt 2
Mit einer Hand halten Sie den Knopf an die Stelle, an die Sie ihn annähen möchten Ⓐ. Stechen Sie mit der Nadel von der Innenseite der Kleidung an der Stelle durch den Stoff, an der der alte Knopf befestigt war, und dann durch eines der Löcher des neuen Knopfes hindurch Ⓑ.

Schritt 3
Die Nadel gerade nach oben hindurchziehen. Nun von oben nach unten durch das zweite Loch des Knopfes Ⓒ und durch den Stoff stechen. Nadel und Faden langsam durchziehen. Eine kleine Fadenlänge verbindet nun die beiden Löcher an der Oberseite des Knopfes. Die Nadel und der verbleibende Faden befinden sich nun wieder an der Innenseite der Kleidung Ⓓ.

Schritt 4
Die Schritte 2 Ⓔ und 3 Ⓕ mehrere Male wiederholen, dabei den Knopf mit der anderen Hand in Position halten, während Sie im Wechsel von unten und oben durch die Löcher des Knopfes stechen.

Schritt 5
Wenn der Knopf fest sitzt, einen Stich an der Innenseite der Kleidung machen Ⓖ, dann einen zweiten Stich, indem Sie die Nadel zur Befestigung durch die entstandene Schlaufe ziehen Ⓗ. Zum Schluss den Faden fest anziehen Ⓘ, um einen Knoten zu machen. Den Faden mit einer Schere möglichst dicht hinter dem Knoten abschneiden Ⓙ.

> **Franzi Pfiffig sagt ...**
> Knöpfe werden maschinell angenäht. Industrie-Nähmaschinen verknoten die Fäden jedoch nicht, weshalb sich diese gerne nach gewisser Zeit „verabschieden". Besonders für hochwertige Hemden und Blusen lohnt es sich, die Knöpfe noch einmal vernünftig festzunähen, damit sie genauso lange halten wie das edle Hemd oder Ihre neue Lieblingsbluse.

ZUGEKNÖPFT — KNOPF AB?

Reparaturset

- Dünne Nähnadel
- Farblich passendes Nähgarn
- Ersatzknopf mit zwei Löchern (wenn das Original verloren gegangen ist)
- Schere

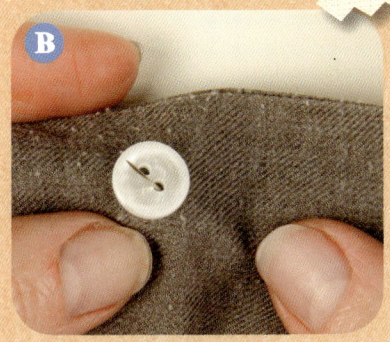
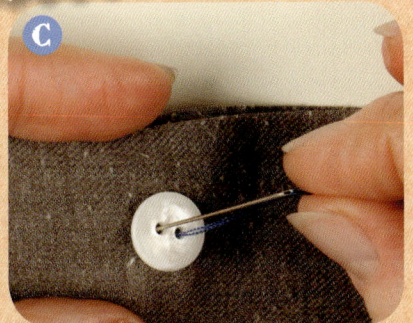

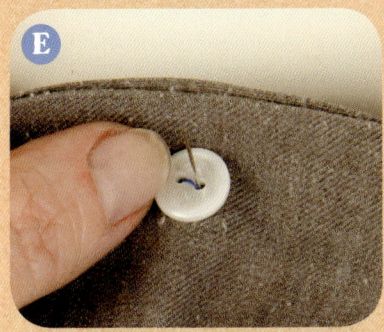

KNOPF AB? ZUGEKNÖPFT

Einen Vier-Loch-Knopf annähen

Knöpfe mit vier Löchern finden sich häufig an Business-Hemden für Männer. Die vier Löcher im Knopf erfordern mehr Faden zur Befestigung, allerdings hält der Knopf auch viel sicherer als ein Knopf mit nur zwei Löchern. Einen Vier-Loch-Knopf näht man nach dem gleichen Grundprinzip an wie einen Zwei-Loch-Knopf (siehe Seite 28–29). Wenn Sie fertig sind, befindet sich ein sauberes Fadenkreuz in der Mitte des Knopfes.

Schritt 1
Fädeln Sie einen zum Kleidungsstück farblich passenden Polyesterfaden in eine Nähnadel ein (hier wird der Deutlichkeit halber kontrastierendes Nähgarn verwendet). Knoten Sie die beiden Fadenenden zusammen (siehe Seiten 16–19). Orientieren Sie sich im Folgenden bei der Nummerierung der Löcher an dem Knopf-Diagramm auf Seite 31.

Reparaturset
- Dünne Nähnadel
- Farblich passendes Nähgarn
- Ersatzknopf mit vier Löchern (wenn das Original verloren gegangen ist)
- Schere

Schritt 2
Halten Sie mit einer Hand den Knopf an die Stelle, an die Sie ihn annähen möchten. Stechen Sie mit der Nadel von der Innenseite der Kleidung an der Stelle durch den Stoff, an der der alte Knopf befestigt war, und dann durch Loch 1 des neuen Knopfes hindurch **A**.

Schritt 3
Die Nadel gerade nach oben durch das Loch stechen, den Faden durchziehen, bis der Knopf flach auf dem Stoff aufliegt. Nun von oben nach unten durch Loch 2 stechen **B**, dabei wird der Faden diagonal über den Knopf geführt.

Schritt 4
Die Nadel zur Innenseite stechen und den Faden fest anziehen, bis er auf der Knopfoberseite fest aufliegt. Einen kleinen Stich nach links machen und die Nadel nach oben durch den Stoff und Loch 3 stechen **C**.

Schritt 5
Die Nadel wieder vollständig durchziehen, bis der Faden fest ist. Den Faden diagonal über die Oberseite des Knopfes zu Loch 4 führen, dabei kreuzt er den ersten Faden. Durch Loch 4 nach unten zur Innenseite stechen und die Nadel durchziehen **D**. Auf der Oberseite des Knopfes ist das erste Fadenkreuz entstanden **E**.

Schritt 6
Die Schritte 2–5 so oft wiederholen, bis der Knopf fest am Stoff **F** angenäht ist. Einen Stich an der Innenseite des Kleidungsstückes machen (siehe **G**, Seite 29), dann einen zweiten Stich, indem Sie die Nähnadel zur Befestigung durch die entstandene Schlaufe ziehen (siehe **H**, Seite 29). Zum Schluss den Faden fest anziehen (siehe **I**, Seite 29), um einen Knoten zu machen. Den Faden mit einer Schere möglichst dicht hinter dem Knoten abschneiden (siehe **J**, Seite 29).

Peter Praktisch sagt …

Wer seinem Knoten nicht vertraut, kann eine Nadel in Textilkleber tauchen und vorsichtig noch etwas Klebstoff auf die verknoteten Fäden auftragen. Aber vorsichtig: Wenn der Klebstoff auf den Stoff tropft, haben Sie dort einen netten Fleck, der sich nicht mehr entfernen lässt.

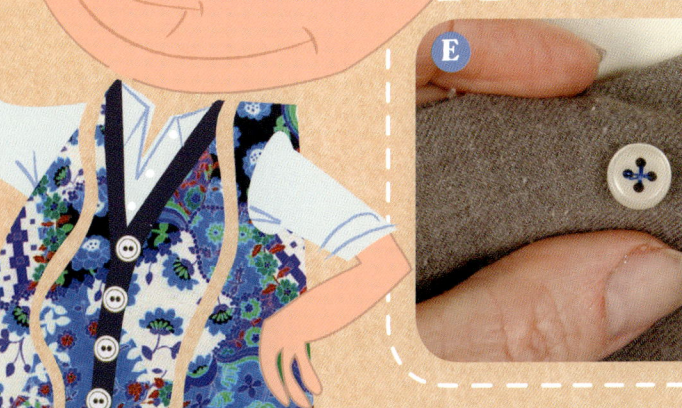

KNOPF AB? ZUGEKNÖPFT

Einen Ösenknopf annähen

Ösenknöpfe werden gerne für Jacken und Mänteln verwendet. Sie sind meist sehr dekorativ und haben zur Befestigung statt der Löcher eine Kunststoff- oder Metall-Öse auf der Rückseite. So liegt der Knopf nicht direkt auf dem Stoff auf, sondern steht ein wenig ab und passt auch durch dickere Materialien.

ZUGEKNÖPFT  **KNOPF AB?**

Schritt 1
Mit Kreide auf der rechten Seite der Kleidung die Stelle markieren, an der der Knopf sitzen soll ❹. Knoten Sie die beiden Fadenenden zusammen (siehe Seiten 16–19).

Schritt 2
Mit der Spitze der Nähnadel einige wenige der mit Kreide markierten Gewebefäden aufnehmen. Positionieren Sie den Faden so, dass der Knoten direkt auf der Kreidemarkierung liegt ❺ (hier wird der Deutlichkeit halber kontrastierendes Nähgarn verwendet).

Schritt 3
Den Stoff ein wenig falten und den Knopf so halten, dass die Öse auf der Kreidemarkierung direkt an der Stelle, an der Sie den Faden durchgezogen haben, aufliegt ❻.

Schritt 4
Den Knopf festhalten. Durch die Öse und den Stoff nach unten stechen ❼, dann mit einem kleinen Stich wieder nach oben und noch einmal durch die Öse stechen. Dies vier- bis fünfmal wiederholen ❽. Den Faden dabei nicht zu fest ziehen und die Fadenspannung gleichmäßig halten. Dann behält der Knopf ein bisschen Bewegungsspielraum.

Schritt 5
Zum Schluss mittig durch alle Stiche zwischen Öse und Stoff stechen ❾ und den Faden direkt auf dem Stoff dreimal um die Stiche wickeln ❿. Anschließend zur Innenseite stechen, den Faden ganz durchziehen und mit einem ordentlichen Knoten sichern. Den überstehenden Faden möglichst dicht dahinter abschneiden ⓫. Und schon haben Sie einen sauber ausgerichteten und fest angenähten Ösenknopf ⓬.

Reparaturset
- Dünne Nähnadel
- Farblich passendes Nähgarn
- Ösenknopf (falls das Original verloren gegangen ist)
- Schere

KNOPF AB? ZUGEKNÖPFT

Ein Knopfloch nähen

Die Angst vorm Knopfloch ist wirklich unbegründet! Bevor Sie das Loch markieren und schneiden, messen Sie die Höhe und die Breite des Knopfes. Das Knopfloch sollte ungefähr 2 mm länger als der Durchmesser des Knopfes sein, dann wird das Öffnen und Schließen problemlos funktionieren.

Von Hand

Schritt 1
Eine spitze Nähnadel einfädeln und ein Fadenende verknoten. Arbeiten Sie mit der rechten Stoffseite nach oben. Die Nadel im rechten Winkel zum Knopfloch an der hinteren oberen Ecke etwa 2 mm vom Lochrand entfernt einstechen **A**.

Schritt 2
Von rechts nach links arbeiten. Die Nadelspitze durch den Stoff nach unten stechen und durch das Knopfloch wieder nach oben führen. Den Faden unter die Spitze der Nadel legen und die Nadel durchziehen. Dabei formt der Faden eine kleine Schlaufe, die die offene Schnittkante des Knopflochs abdeckt **B**.

Schritt 3
Mit diesem Knopflochstich das Knopfloch ringsum säumen **C**. Die Stiche so dicht wie möglich nebeneinandersetzen, damit eine feste Kante entsteht **D**. Wenn das Knopfloch fertig bearbeitet ist, den Faden auf der Innenseite verknoten und abschneiden.

Mit einer Nähmaschine

Mit einer Nähmaschine können Sie ganz einfach ein professionell aussehendes Knopfloch nähen. Die meisten modernen Nähmaschinen verfügen über eine integrierte Knopflochfunktion und haben als Zubehör einen Knopfloch-Nähfuß. In der Bedienungsanleitung Ihrer Nähmaschine wird genau erklärt, wie der Fuß einzusetzen ist und mit welchen Einstellungen das Knopfloch genäht wird. Achten Sie darauf, dass der verwendete Nähfaden farblich zu Ihrem Kleidungsstück passt.

Reparaturset
- Farblich passendes Nähgarn
- Nähnadel
- Schere
- Stoffmarkierstift
- Maßband

Von Hand

Franzi Pfiffig sagt ...

Legen Sie bei Web-, Strick- und elastischen Stoffen etwas Bügelvlies zwischen Blende und Stoffoberseite, dann wird sich das Knopfloch nicht verziehen. Testen Sie Ihr Knopfloch zuvor in dem gleichen oder einem ähnlichen Stoff, bevor Sie Ihr Lieblingsstück bearbeiten.

Mit einer Nähmaschine

Ein Knopfloch ausbessern

Bei sehr hochwertiger Kleidung werden auch Knopflöcher oft von Hand genäht. Bei Konfektionsware dürfen Sie dies nicht erwarten, auch das Nähgarn hat dann wahrscheinlich nicht immer die beste Qualität, sodass die Knopflöcher schneller ausfransen und der adrette Mantel nicht mehr ganz so gut aussieht. Spätestens, wenn sich die Garnfäden, die zu dicht in die Lochmitte gesetzt wurden, lösen, wird es Zeit für die Reparatur.

Schnellreparatur

Wenn es sich um Wolle oder Leinen mit einem gleichmäßigen Muster handelt Ⓐ, kann man das Knopfloch mit etwas Textilkleber oder mit dem Knopflochstich (siehe Seite 34) reparieren.

Schritt 1
Die Spitze der Stecknadel in den Textilkleber tauchen Ⓑ.

Schritt 2
Mit der Stecknadelspitze vorsichtig über die Stiche am Rand des Knopfloches streichen, dabei darf kein Kleber auf die Kleidung gelangen Ⓒ. Den Kleber trocknen lassen. Die Garnfäden werden nun so lange halten, bis Sie das Knopfloch mit Nadel und Faden festnähen Ⓓ.

Peter Praktisch sagt …
Zum Ausbessern von Knopflöchern an schwerer Kleidung aus Wolle oder Tweed eignet sich gewachstes Handquiltgarn (natürlich farblich passend) besonders gut, da es leichter durch dicken Stoff gleitet und sich seltener verdreht und verknotet.

Reparaturset
- Stecknadel
- Textilkleber
- Nähnadel
- Farblich passendes Nähgarn
- Schere

Mit Knöpfen einen Look kreieren

Egal ob Jacken, Mäntel, Röcke oder Hosen – Ihre Garderobe kann durch dekorative Knöpfe einen völlig neuen Look erhalten. Wenn Sie gerade einmal wieder Ihren Kleiderschrank ausmisten, entfernen Sie doch vorher die Knöpfe. Knöpfe sind teuer! Sie können damit nicht nur andere Kleidungsstücke aufpeppen, sondern auch kleine Schmuckstücke basteln oder Ihren Sofakissen oder anderen Dingen in Ihrem Haushalt ein neues Outfit verpassen.

Kiesel oder Kristalle verhelfen Ihnen zu einem dramatischen Auftritt

Kreieren Sie einen klassischen Look mit Perlen

„Militärisch streng" oder „nautisch verwegen", so können Metallknöpfe wirken

Designerknöpfe machen Sie zum Modekenner

Verspielte und Motivknöpfe sind toll für Kinderkleidung und -zubehör

Knöpfe im Blumendesign wirken sehr weiblich

Holzknöpfe wirken rustikal und bodenständig und passen gut zu Naturfasern

Mit Ketten verbundene Ösenknöpfe glänzen als Manschettenknöpfe

ZUGEKNÖPFT KNOPF AB?

Schnellreparatur

A

B

C

D

Haken und Ösen annähen

Haken und Ösen halten die Kleidung zusammen oder überlappende Stofflagen in Position. Es gibt sie in zahlreichen Größen und Farben, passend zu den unterschiedlichsten Stoffen. Haken und Ösen aus Metall bieten sicheren Halt, aber auch die aus Kunststoff leisten gute Dienste. Die kleinen unauffälligen eignen sich für Blusen und Kleider, die stärkeren für Taillenbünde an Hosen und Röcken (siehe Seite 40).

ZUGEKNÖPFT — KNOPF AB?

Haken und Ösen werden meist von Hand oder mit der Nähmaschine befestigt. Varianten, die lediglich mit Klemmmechanismen befestigt werden, erfordern meist spezielle Werkzeuge. Bei derartigen Verschlüssen beachten Sie bitte die Hinweise des Herstellers. Bei Kanten, die eng voreinandertreffen, sollten Sie die Haken entweder mit dem Vor- oder Knopflochstich annähen.

Den Haken annähen

Schritt 1
Fädeln Sie einen zum Kleidungsstück farblich passenden Polyesterfaden in eine Nähnadel ein (hier wird der Deutlichkeit halber kontrastierendes Nähgarn verwendet). Knoten Sie die beiden Fadenenden zusammen (siehe Seiten 16–19). Wählen Sie einen Haken (und eine Öse) aus, die sich für den entsprechenden Stoff eignet.

Platzieren Sie den Haken auf der linken Seite des Kleidungsstückes etwa 3 mm einwärts von der Saumkante, an der Sie ihn anbringen möchten.

Schritt 2
Den Haken mit einigen Stichen festnähen. Dazu die Nähnadel jeweils an die Stoffoberfläche **A** führen und durch die Krümmung des Hakens hindurch wieder auf die Stoffunterseite durchstechen. Platzieren Sie die Stiche zwischen den Stofflagen des Saums, damit sie auf der rechten Seite nicht zu sehen sind.

Schritt 3
Nun die kleinen Schlaufen am Haken entweder mit dem Vor- oder Knopflochstich festnähen **B**. Stets um die ganze Schlaufe herumnähen **C**. Zum Schluss nochmals das gekrümmte Hakenende festnähen (dafür den Faden zwischen den Stofflagen des Saums führen), damit es flach auf dem Stoff aufliegt **D**. Das Fadenende verknoten und abschneiden.

Die Öse annähen

Schritt 1
Die Stoffseiten, die Sie verbinden möchten, aneinander ausrichten.

Schritt 2
Die Position für die Öse mit einem wasserlöslichen Stoffmarkierstift kennzeichnen, dabei soll die Öse geringfügig über den Saum hinausragen **A**.

Schritt 3
Die Öse mit dem Vor- oder Knopflochstich (siehe Seiten 18–20) an der dem Haken gegenüberliegenden Innenkante des Kleidungsstückes festnähen **B**. Auch hier durch die Schlaufen der Öse **C** nähen und darauf achten, die Stiche möglichst zwischen die beiden Stofflagen des Saums zu setzen, damit die Stiche später auf der rechten Seite nicht zu sehen sind. Die Arbeit mit einem sauberen Knoten abschließen und den Faden mit einer Stickschere dicht hinter dem Knoten abschneiden.

Den Haken annähen

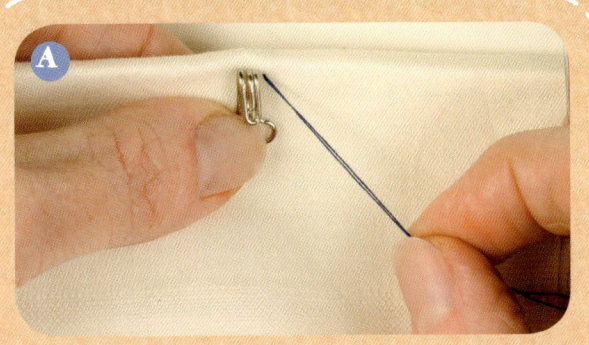
A

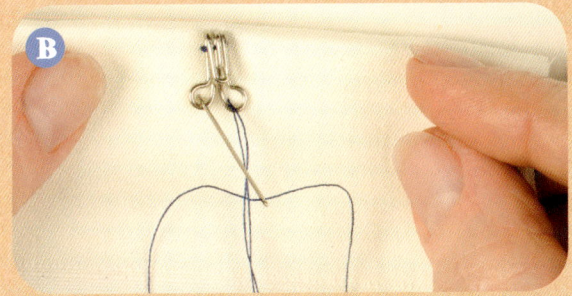
B

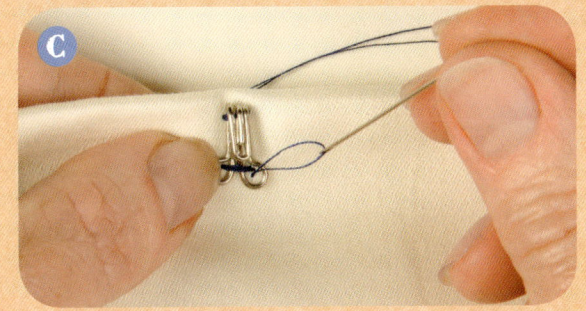
C

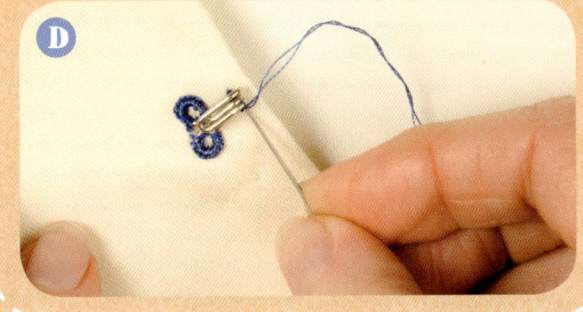
D

Reparaturset

- Haken und Ösen
- Nähnadel
- Farblich passendes Nähgarn
- Wasserlöslicher Stoffmarkierstift
- Schere

Die Öse annähen

A

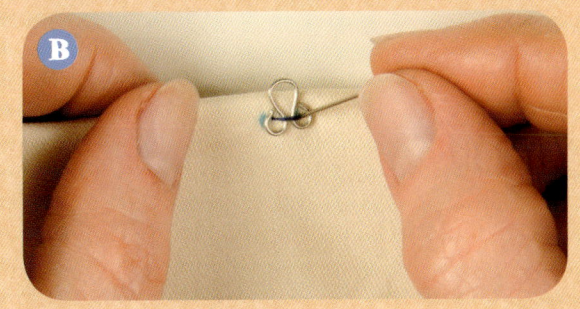
B

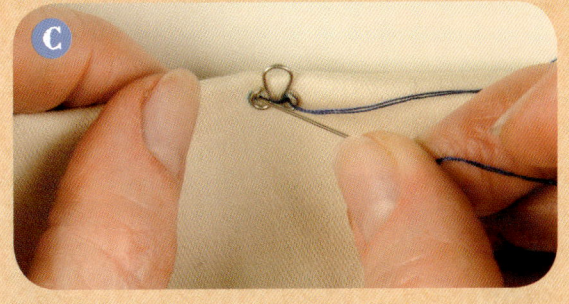
C

ZUGEKNÖPFT — KNOPF AB?

Haken und Ösen auf Taillenbünde nähen

Metallverschlüsse halten einiges aus und werden gerne an Hosen, Röcken oder Kleidung aus mittelschweren bis schweren Stoffen befestigt. Man näht sie flach auf die Innenseite des Taillenbunds auf.

Den Metallhaken auf den Taillenbund nähen

Schritt 1
Markieren Sie die Stelle, an der der Haken sitzen soll, mit einem Stoffmarkierstift. Fädeln Sie farblich passendes Nähgarn in eine Nähnadel ein und verknoten Sie beide Fadenenden.

Schritt 2
Stechen Sie von unten nach oben durch eines der Löcher im Haken und durch die Schlaufe der Fadenenden. Den Faden anziehen. In etwas Abstand zum Haken in den Stoff und durch das Loch des Hakens wieder nach oben stechen. Dies an denselben Ein- und Austrittsstellen einige Male wiederholen **A**.

Schritt 3
Die Nadel unter dem Haken und unter der oberen Stofflage zum nächsten Loch führen. Diesen ebenso mit einigen Stichen festnähen **B**. So fortfahren, bis der Haken an allen Löchern fest angenäht ist.

Schritt 4
Einen neuen Faden einfädeln und die Fadenenden verknoten. Am oberen Hakenende befindet sich ein weiteres Loch. Stechen Sie durch dieses in den darunterliegenden Stoff, dabei werden einige Gewebefäden angehoben und die Nadel durchgezogen. Auf diese Art weiternähen, bis der Haken fest sitzt. Zum Schluss einen Knoten machen und den Faden abschneiden.

Die Metall-Öse auf den Taillenbund nähen

Schritt 1
Taillenbund und Haken so positionieren, dass Sie die Stelle, an der die Öse sitzen soll, mit dem Stoffmarkierstift anzeichnen können. Fädeln Sie farblich passendes Nähgarn in eine Nähnadel ein und verknoten Sie beide Fadenenden. Einige kleine Stiche an der ersten Markierung für die Ösenbefestigung übereinander in den Stoff machen, um den Faden zu verankern.

Schritt 2
In den Stoff hinein- und von unten nach oben durch die erste Befestigungsschlaufe der Öse stechen **A**. Mehrmals wiederholen, bis die Schlaufe fest auf dem Stoff aufliegt **B**.

Schritt 3
Die Nadel unter der Öse und unter der oberen Stofflage hindurch zur zweiten Befestigungsschlaufe führen **C**. Schlaufe befestigen, wie in Schritt 2 beschrieben **D**. Zum Schluss den Faden auf der Rückseite verknoten und abschneiden.

Den Metallhaken auf den Taillenbund nähen

A

B

Die Metall-Öse auf den Taillenbund nähen

A

B

C

D

Reparaturset
- Nähnadel
- Nähgarn
- Haken
- Öse
- Schere
- Wasserlöslicher Stoffmarkierstift

ZUGEKNÖPFT

KNOPF AB?

41

Druckknöpfe annähen

Druckknöpfe gibt es in unterschiedlichen Größen für superleichte bis schwere Stoffe, sowohl aus Metall als auch aus Kunststoff. Sie schließen Nähte und Öffnungen in der Kleidung an Stellen, an denen das Gewebe nicht besonders belastbar ist und der Einsatz von Haken und Ösen nicht in Frage kommt. Druckknöpfe bestehen aus zwei kleinen, runden Hälften, von denen eine vertieft, die andere gewölbt ist, und somit ineinandergedrückt werden können.

ZUGEKNÖPFT · KNOPF AB?

Schritt 1
Mit einem wasserlöslichen Stoffmarkierstift den Sitz der Verschlusshälften auf der Kleidung anzeichnen Ⓐ. Beginnen Sie mit der Hälfte, die die kugelförmige Wölbung hat, und markieren Sie die Position etwa 3 mm von der Stoffkante entfernt, wenn Sie den Druckknopf zum Schließen eines Saums verwenden wollen.

Schritt 2
Fädeln Sie einen zum Kleidungsstück farblich passenden Faden in eine Nähnadel ein (hier wird der Deutlichkeit halber kontrastierendes Nähgarn verwendet). Knoten Sie die beiden Fadenenden zusammen (siehe Seiten 16–19). Nehmen Sie mit der Spitze der Nadel einige Gewebefäden an der markierten Stelle auf und setzen Sie einige Stiche übereinander, um den Faden zu verankern.

Schritt 3
Von unten durch eines der Löcher stechen und den Faden durchziehen. Von oben in das benachbarte Loch und die obere Stofflage stechen Ⓑ.

Schritt 4
So fortfahren, bis das Teil fest an seinem Platz sitzt Ⓒ, dabei darauf achten, nur durch die obere Stofflage zu stechen, damit die Stiche nicht auf der rechten Seite sichtbar sind. Ebenso nicht über den Rand des Druckknopfes nähen. Zum Schluss einen Knoten machen und den Faden abschneiden. Die andere Hälfte des Druckknopfes wird an der gegenüberliegenden Öffnung im Kleidungsstück genauso angenäht.

Reparaturset
- Druckknöpfe
- Nähnadel
- Nähgarn
- Schere
- Wasserlöslicher Stoffmarkierstift

KNOPF AB? **ZUGEKNÖPFT**

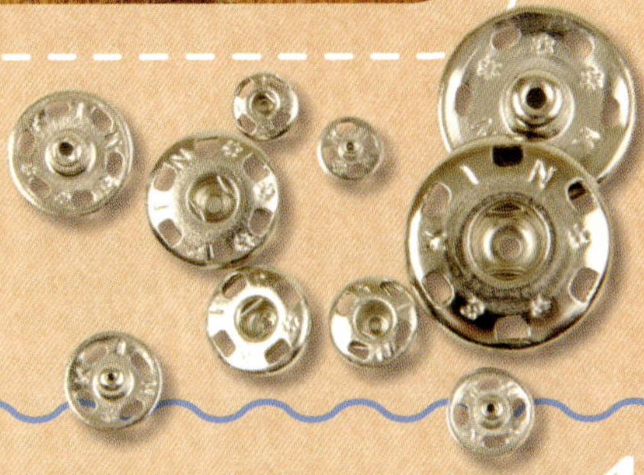

Alternative Verschlüsse

Verändern Sie das Erscheinungsbild von Kleidung, indem Sie die Knöpfe durch auffälligere ersetzen. Ziehen Sie auch Metallclips, Knebelverschlüsse, Bänder oder Schleifen in die engeren Überlegungen mit ein. Bei einem Schaufensterbummel können Sie tolle Anregungen bei Designermode sammeln. Ein ungewöhnlicher Verschluss oder die geschickte Auswahl von Knöpfen kann auch einer schlichten Jacke einen Touch von Individualität und Haute Couture einhauchen.

Als Manschettenknöpfe an Hemden oder als Knopfersatz an Westen lassen sich pfiffige Verschlüsse aus Knöpfen oder Perlen, die Sie durch kleine Ketten verbinden, fertigen. Zerlegen Sie ausgediente Halsketten oder Armbänder und funktionieren Sie sie zu schicken Verschlüssen um (A und B).

Metallclips verwendet man zwar normalerweise zum Befestigen von Hosenträgern, aber ersetzen Sie damit doch mal Knöpfe an Jacken oder den seitlichen Verschluss eines Rocks. Achten Sie bei Ihrem Schaufensterbummel darauf, wie geschickt Modedesigner solche Verschlüsse einsetzen und sie zum Blickfang werden lassen (C und D).

Klammerverschlüsse aus Metall lassen Jeansröcke und -westen edel und teuer aussehen (E und F).

Ein seidener Knebelverschluss verleiht einer Allerweltsjacke ein elegantes, orientalisch wirkendes Flair (G und H).

Große Holzknöpfe, an weichen Kordeln befestigt, ziehen sofort die Aufmerksamkeit von Modekennern auf ein ansonsten eher wenig raffiniertes Kleidungsstück (I).

Auf Seite 37 finden Sie Beispiele für die unerschöpfliche Vielfalt an Knöpfen, mit denen Sie Ihre Kleidung ganz leicht verwandeln können.

Peter Praktisch sagt ...

Antikläden sind oft eine Goldgrube, wenn es darum geht, ungewöhnliche Verschlüsse aufzustöbern.

KNOPF AB? ZUGEKNÖPFT

Klettverschlüsse annähen

Ein Klettverschluss ist ein Nylon-Produkt. Zwei Streifen mit unterschiedlichen Oberflächen werden zusammengedrückt und verhaken sich, denn eine Oberfläche ist rau und hat Widerhaken, die andere dagegen ist flauschig mit leicht aufgestellten Schlaufen. Klettverschlüsse gibt es auch als Klettpunkte. Beide dienen als Schnellverschlüsse für Taschen, Taillenbund und als Verschlüsse für verdeckte Knopfleisten ebenso wie zum Verbinden zahlreicher anderer Dinge.

Bei vielen Stoffen bieten sich Klettverschlüsse als Verschlusslösung an. Sie können mit der Nähmaschine mit einem Geradstich aufgenäht werden. Zum Waschen sollten Klettverschlüsse geschlossen werden.

Klettverschlüsse auf Stoff nähen

Schritt 1
Mit einem Maßband die Länge des für den Verschluss erforderlichen Klettbands abmessen **A**. Zwei gleich lange Klettbänder (1-mal mit Widerhaken und 1-mal mit Schlaufen) zuschneiden.

Schritt 2
Den ersten Streifen an der gewünschten Stelle auf dem Stoff mit Stecknadeln fixieren **B**.

Schritt 3
Fädeln Sie einen zum Kleidungsstück farblich passenden Polyesterfaden in eine Nähnadel ein (hier wird der Deutlichkeit halber kontrastierendes Nähgarn verwendet). Knoten Sie beide Fadenenden zusammen (siehe Seiten 16–19). Den Streifen mit einem Vorstich (siehe Seite 18) festnähen **C**, dabei darauf achten, nicht bis auf die rechte Stoffseite durchzustechen, sondern lediglich ein paar Gewebefäden anzuheben. Zum Schluss einen Knoten machen und den Faden abschneiden **D**.

Schritt 4
Den zweiten Klettstreifen in gleicher Weise festnähen, dabei darauf achten, dass beide Hälften bündig aufeinandertreffen. So bilden sie einen sauberen Verschluss **E**.

Reparaturset
- Aufnähbares Klettband
- Schere
- Nähnadel
- Nähgarn
- Stecknadeln
- Nähmaschine (optional)

KNOPF AB? ZUGEKNÖPFT

Klettverschlüsse aufbügeln

Klettverschlüsse zum Aufbügeln unterscheiden sich von denen zum Aufnähen (siehe Seiten 46–47) nur durch die Klebeschicht auf der Rückseite. Diese schmilzt bei Hitzeeinwirkung und verklebt mit dem Gewebe. Klettverschlüsse zum Aufbügeln eignen sich für Baumwoll- und Leinenstoffe, jedoch nicht für Synthetik, Polyester, Acryl, Wolle oder Seide, da die Hitze den Stoff beschädigen oder zerstören kann.

Schritt 1
Beachten Sie zunächst die Hinweise des Herstellers. Die mit Klebstoff beschichtete Seite des Klettbands auf dem Stoff ausrichten **A**.

Schritt 2
Das Band mit Stecknadeln fixieren, damit es nicht verrutscht, wenn das Bügeleisen aufgepresst wird **B**.

Schritt 3
Den Stoff wenden. Ein Bügeltuch zum Schutz auf den Stoff legen. Das Bügeleisen auf die vom Hersteller empfohlene Temperatur vorheizen und einige Sekunden fest auf das Bügeltuch pressen **C**.

Schritt 4
Den Stoff wieder wenden und mit dem Fingernagel prüfen, ob sich die Ecken des Klettbands anheben lassen. Das Bügeleisen gegebenenfalls erneut von der Rückseite aufpressen, bis sich der Klebstoff vollständig mit dem Stoff verbunden hat.

Schritt 5
Das Gegenstück des Klettbands in gleicher Weise aufbügeln, dabei darauf achten, dass beiden Hälften bündig aufeinandertreffen. Warten Sie mindestens fünf Minuten, bevor Sie den Klettverschluss zusammendrücken.

Reparaturset
- Klettpunkte oder -streifen zum Aufbügeln
- Schere
- Stecknadeln
- Bügeleisen
- Bügeltuch

Franzi Pfiffig sagt ...

Niemals direkt auf dem Klettband bügeln, das würde es beschädigen.

KNOPF AB? ZUGEKNÖPFT

49

Metall-Druckverschlüsse auswechseln

Einen eingestanzten defekten Druckverschluss aus Kleidung zu entfernen und ihn durch einen neuen auszuwechseln, kann mitunter kniffelig sein. Unter Umständen muss ein erheblich größerer Verschluss her, damit die Zinken genug Stoff greifen können, um sicher und dauerhaft zu halten.

Schritt 1
Das runde Ende eines Buttermessers zwischen die Zinken und die Scheibe des Druckverschlusses schieben ❹ und den Verschluss aus den Stofffasern hebeln.

Schritt 2
Markieren Sie die Stelle, an der das kugelförmige Kopfteil des Druckverschlusses befestigt werden soll, mit einem Stoffmarkierstift ❺. Lesen und befolgen Sie zuvor die Hinweise des Herstellers, bevor Sie versuchen, den neuen Druckverschluss zu montieren. Möglicherweise benötigen Sie dafür eine Ösenzange ❻. Das neue kugelförmige Kopfteil exakt an der Markierung einarbeiten, damit es beim Schließen das Loch des alten Verschlussteils abdeckt ❼.

Schritt 3
Den Stoff, an dem das Sockelteil des Verschlusses sitzen soll, ausrichten und die genaue Position des Verschlusses markieren. Das Gegenstück genauso befestigen wie das Kopfteil. Nun sollten beide Verschlusshälften befestigt sein ❽.

Peter Praktisch sagt …

Legen Sie sich einen guten Vorrat an unterschiedlichen Druckverschlüssen für Ihr Notfall-Set an. Aber verstauen Sie es sicher, denn die Kleinteile sind sehr scharfkantig und dürfen von Kindern nicht verschluckt werden.

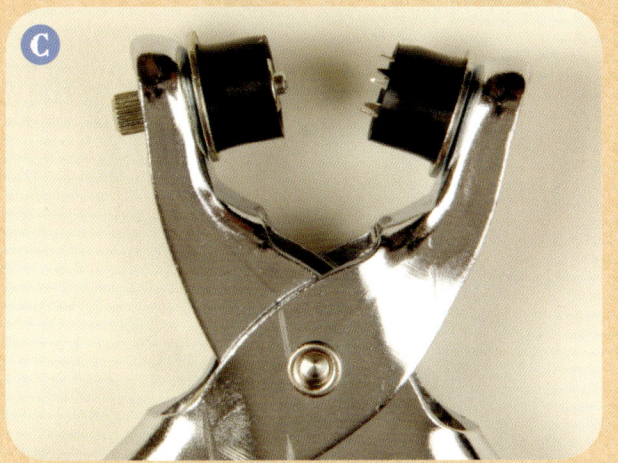

ZUGEKNÖPFT

KNOPF AB?

Reparaturset
- 1 Päckchen Metall-Druckverschlüsse
- Werkzeug zur Montage der Druckverschlüsse
- Buttermesser

Metall-Ösen in Stoff auswechseln

Ösen werden aus einem weichen Metallröhrchen gefertigt und so geformt, dass sie wie Nieten aussehen. Man findet sie häufig in Freizeitkleidung, die leger mit Schnüren oder Bändchen verschlossen wird. Modedesigner verwenden Ösen gern als modisches Accessoire. Sie können sowohl dekorativ als auch funktional eingesetzt werden und sind in unterschiedlichsten Größen und Farben erhältlich.

Franzi Pfiffig sagt ...
Arbeiten Sie bei leichten, dünneren Stoffen mit der Ösenzange und bei kräftigen, dicken Geweben mit Hammer und Stanzer.

Farbige Ösen für ein dekoratives Outfit finden Sie vielleicht sogar im Bastelgeschäft oder der Schreibwarenabteilung vor Ort, da diese nicht nur für Kleidung verwendet werden.

Schritt 1
Falls die alte Öse aus dem Stoff herausgerissen ist, reparieren Sie zunächst den Stoff von der Innenseite, bevor Sie versuchen, eine neue Öse einzusetzen.

Schritt 2
Kaufen Sie ein geeignetes Befestigungswerkzeug für Ösen sowie, ein Päckchen Ösen **A**. Beachten Sie die Hinweise des Herstellers, bevor Sie die Öse montieren.

Schritt 3
Kennzeichnen Sie die gewünschte Position der Öse zuerst mit einem Stoffmarkierstift. Schneiden Sie dann an dieser Stelle einen kleinen x-förmigen Schlitz in den Stoff. Legen Sie anschließend die beiden Teile der Öse, wie vom Hersteller beschrieben, in die Ösenzange ein. Den Stoff in die Zange schieben und ausrichten. Nun die Zange sanft, aber fest zusammendrücken **B**. Und schon haben Sie eine perfekte Öse an der gewünschten Stelle **C**.

Alternative
Ösenzangen und Stanzwerkzeug können mitunter recht kostspielig sein. Suchen Sie in einem Bastelgeschäft nach günstigeren Werkzeugen, die für Arbeiten mit Karton gedacht sind.

A

Reparaturset
- Stoff zum Ausbessern (falls nötig)
- Wasserlöslicher Stoffmarkierstift
- Ösenzange oder Hammer und Stanzer
- 1 Päckchen Ösen

KNOPF AB? · ZUGEKNÖPFT

53

Metallknöpfe und dekorative Nieten an Jeans anbringen

Sie haben die Qual der Wahl unter den verschiedensten Sets mit dekorativen Metallknöpfen speziell für Jeans! Jedem Set liegt ein passendes Einstanzwerkzeug bei, das das Gewebe in Position hält, wenn man den nötigen Druck darauf ausübt. Die beiden Metallteile – Knopf und Unterteil – werden dabei durch den Stoff geschlagen und ineinandergedrückt. Dabei verformen sie sich im Innern und bilden eine unlösbare, haltbare Verbindung.

ZUGEKNÖPFT · KNOPF AB?

Schritt 1
Beachten Sie die Hinweise des Herstellers, bevor Sie den Knopf montieren. Legen Sie sowohl den Jeansknopf als auch das zugehörige Unterteil **A** in das Kunststoffwerkzeug **B**.

Schritt 2
Markieren Sie mit einem Stoffmarkierstift die gewünschte Position des neuen Knopfes.

Schritt 3
Umschließen Sie den Stoff mit dem Werkzeug, dabei liegt der Jeansknopf auf der Oberseite und das Unterteil unter dem Stoff **C**. Das Werkzeug zusammenklappen und mit einem Hammer kräftig auf das Werkzeug schlagen **D**, um beide Metallteile zu verbinden **E**. Bei sehr dichtem Gewebe oder mehreren Stofflagen bohren Sie zuvor mit einer Stopfnadel ein kleines Loch, um das Durchdringen des Metalls zu unterstützen.

Peter Praktisch sagt …

Überlegen Sie vor der Montage, ob Sie wirklich einen derartigen Knopf haben möchten.

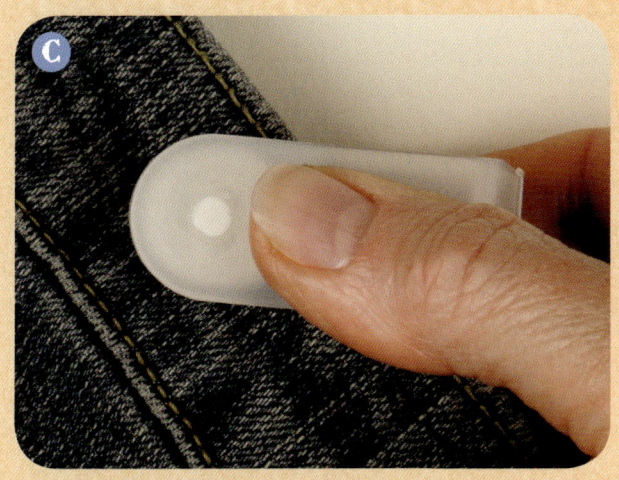

KNOPF AB? ZUGEKNÖPFT

Reparaturset
- Jeansknöpfe und zugehöriges Montagewerkzeug (Set)
- Wasserlöslicher Stoffmarkierstift
- Hammer

Löcher in Ledergürtel stanzen

Unser wohl vertrauter Ledergürtel, der schon einiges mit uns erlebt hat und sowohl zur Jeans als auch zum Anzug passt, hat noch lange nicht ausgedient. Allerdings hat sich über die Jahre unsere Taille verändert ... Aber keine Panik: Egal, ob sie schmaler oder umfangreicher geworden ist – dies sind keine Gründe, das geliebte Teil zu entsorgen; denn ein paar neue Löcher hineinzustanzen, ist wirklich nicht das Problem.

Schritt 1
Mit einem Kreidestift die Position des neuen Loches am Gürtel markieren **A**. Dabei sicherstellen, dass sich die Markierung genau auf der Gürtelmitte befindet. Um ein symmetrisches und unauffälliges Ergebnis zu erzielen, sollten die neuen Löcher den gleichen Abstand zueinander haben wie alle anderen. Zu viele Löcher in zu geringem Abstand schwächen zudem den Gürtel, sodass er sogar reißen könnte. Wenn Sie jedoch nur ein einziges zusätzliches Loch benötigen, darf der Abstand zu einem der bereits vorhandenen Löcher ruhig ein bisschen größer oder kleiner sein.

Schritt 2
Den Drehkopf des Locheisens so einstellen, dass die Stanze für die gewünschte Lochgröße genau auf die gegenüberliegende Backe der Zange zeigt.

Schritt 3
Das Leder zwischen die Backen des Locheisens schieben. Die Stanze auf der Markierung für das neue Loch ausrichten **B**.

Schritt 4
Die Griffe fest mit der Hand umschließen und kräftig zusammendrücken. So entsteht ein sauberes Loch. Nun den Gürtel zwischen den Backen wieder herausziehen **C**.

Reparaturset
- Locheisen
- Schneiderkreide oder Kreidestift

Alternative

Bei sehr dickem Leder bohren Sie mit einer Stopfnadel ein kleines Loch in das Leder, sodass die Stanze leichter durchdringen kann.

KNOPF AB? ZUGEKNÖPFT

Ruck zuck repariert

Schnell-Befestigungen

Haben Sie das auch schon erlebt? Sie sind bei der Arbeit und der Saum Ihres Kleides oder Ihrer Hose hängt heraus. Ein Nähset ist nicht griffbereit. Was nun? Da kann Sie nur noch der Tacker oder das doppelseitige Klebeband retten. Auch Klebstoff, Sicherheitsnadeln und Papierklemmen können gute Dienste leisten! Weitere Helfer für eine Instant-Reparatur können Sie im Supermarkt nebenan besorgen.

Tacker

Obwohl Sie dieses Werkzeug im Notfall wirklich retten kann, sollten Sie bei einem teuren Kleidungsstück aus empfindlichem Material zweimal überlegen, ob dieser Noteinsatz wirklich sein muss, denn ein Tacker kann irreparable Löcher in den Stoff stechen.

Schritt 1
Um zu vermeiden, dass der Stoff zu einer hässlichen Falte zusammengeheftet wird, legen Sie ein Blatt Papier zwischen beide Stofflagen. Das Papier bietet die nötige Stabilität **A**. Wenn Sie aber in Ihrer Notsituation dafür keine Zeit haben, schnappen Sie sich einfach den Tacker, vergessen Sie das Papier und tackern Sie den Saum einfach fest.

Schritt 2
Und zack …, schon ist er festgetackert **B**.

Doppelseitiges Klebeband

Wenn Knöpfe abspringen oder Säume sich lösen, hilft doppelseitiges, möglichst transparentes Klebeband, v. a. bei zarten Stoffen.

Schritt 1
Die gewünschte Länge Klebeband abschneiden. Das Band auf der Stoffinnenseite unter dem Saum positionieren und die bereits klebende Seite aufkleben **A**.

Schritt 2
Das Papier, das die zweite Klebeseite noch abdeckt, abziehen **B**.

Schritt 3
Den Saum sorgfältig auf dem Klebeband arrangieren, die Saumkante kräftig andrücken und von der Mitte aus zu den Enden des Klebebands streichen **C**.

Schritt 4
Das Klebeband lässt keine Abdrücke oder Löcher erkennen, und der Saum ist schnellstmöglich (wenn auch nur vorübergehend) befestigt **D**.

Sicherheitsnadeln

Die raffinierte Sicherheitsnadel kann Sie in Situationen retten, in denen Sie ungewollt zu viel Haut zeigen. Wenn Ihre Bluse zu weit aufklafft, schieben Sie von innen eine kleine Sicherheitsnadel in den Stoff, wobei Sie nur wenige Gewebefäden der oberen Stofflage aufnehmen. Später kann diese durch einen Druckknopf ersetzt werden. Auch ein herunterhängender Saum kann an der Innenseite mit mehreren kleinen Sicherheitsnadeln gebändigt werden.

Tacker

Sicherheitsnadeln

Doppelseitiges Klebeband

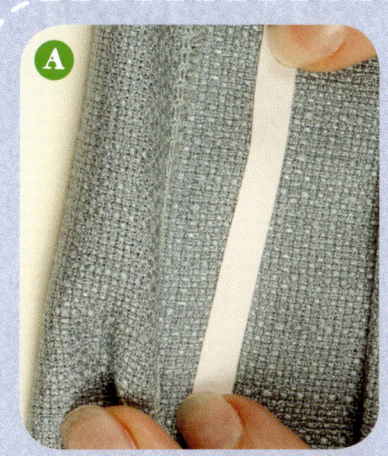 

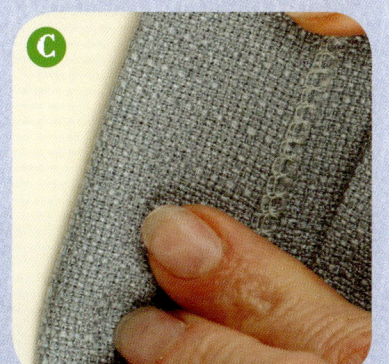 

Franzi Pfiffig sagt ... Vor dem Waschen das Klebeband entfernen und den Saum vernünftig festnähen.

KNOPF AB? RUCK ZUCK REPARIERT

Textilkleber

Textilkleber eignet sich für Schnellbefestigungen an vielen Kleidungsstücken und Stoffen. Beachten Sie zunächst die Hinweise des Herstellers, um herauszufinden, ob sich der Klebstoff für Ihren Stoff eignet. Insbesondere bei Leder ist Vorsicht geboten!

Einen Lederflicken aufkleben

Leder fachmännisch reparieren zu lassen, kann teuer sein, leider ist es aber auch schwierig, Leder selbst zu flicken. Risse oder Löcher im Leder sollten Sie daher professionell reparieren lassen, aber wenn es nicht so darauf ankommt, kann vielleicht ein aufgeklebter Flicken das Problem lösen. Es eignen sich vorgefertigte Lederflicken, aber auch gestickte Motive, die einer Lederjacke sogar zu einem exklusiven Look verhelfen können, wenn sich die defekte Stelle an einer exponierten Stelle befindet, z. B. auf einem Ärmel oder einer Brusttasche.

Schritt 1

Das Kleidungsstück mit der rechten Seite nach oben legen Ⓐ. Etwas Klebstoff auf der Rückseite des Flickens verteilen Ⓑ. Der Flicken sollte immer etwas größer sein als das Loch oder der Riss, damit der Klebstoff gut haften kann.

Schritt 2

Den Klebstoff leicht antrocknen lassen und den Flicken fest auf die schadhafte Stelle pressen Ⓒ.

Den Saum von Lederkleidung festkleben

Ledersäume lassen sich mit Textilkleber hervorragend fixieren. Dafür mit einem kleinen Pinsel eine dünne Schicht Klebstoff auf die Innenseite des Saums auftragen und ihn leicht antrocknen lassen. Dann den Saum kräftig zusammenpressen. Warten Sie ein paar Stunden, bevor Sie das Kleidungsstück wieder tragen.

Papierklemmen

Da löst sich doch ein Knopf Ihrer Strickjacke, und Sie kramen kurzerhand eine Papierklemme aus der Schublade in Ihrem Büro heraus. Das sieht zwar ungewöhnlich aus, kann aber prima Gesprächsstoff für einen Plausch mit dem netten Typen liefern, der ohnehin an Ihrem Schreibtisch herumlungert.

Broschen

Broschen sind perfekt für schnelle Befestigungen! Sie ersetzen sehr dekorativ Knöpfe, Haken oder sonstige Verschlüsse. Bewahren Sie ein paar unterschiedlich große Broschen, die Sie kaum benutzen, in Ihrem Reparaturset auf.

Flicken zum Aufbügeln

Flicken zum Aufbügeln erhält man in Kurzwarenhandlungen. Es gibt sie in uni oder mit Motiven. Die Rückseite ist mit wärmelöslichem Klebstoff beschichtet, der sich bei Hitze mit dem Stoff verbindet. Lesen Sie zuvor stets die Gebrauchshinweise des Herstellers, bevor Sie den Flicken auf die Kleidung bügeln.

Schritt 1

Wählen Sie einen Flicken, der in Farbe und Stoffqualität zum Kleidungsstück passt (hier wurde der Deutlichkeit halber ein Flicken in einer kontrastierenden Farbe verwendet). Das Bügeleisen auf die empfohlene Temperatur vorheizen und das Kleidungsstück auf links wenden Ⓐ.

Schritt 2

Den Flicken mit der Klebstoffseite auf den Riss legen und mit einem Baumwolltuch abdecken Ⓑ. Das Bügeleisen auf den abgedeckten Flicken einige Sekunden fest pressen Ⓒ.

Schritt 3

Überprüfen Sie, ob sich der Flicken an den Ecken anheben lässt Ⓓ. Wenn das gelingt, sitzt der Flicken noch nicht fest genug. Dann nochmals bügeln. Bevor Sie das Kleidungsstück tragen, den Flicken gut abkühlen lassen.

Textilkleber

Papierklemmen

Broschen

Flicken zum Aufbügeln

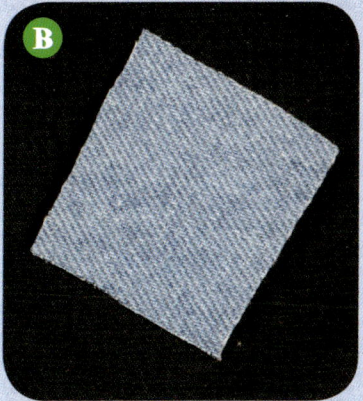

KNOPF AB? RUCK ZUCK REPARIERT

Dekorative Motive zum Aufbügeln

Unter der unermesslichen Auswahl dekorativer Motivflicken zum Aufbügeln finden Sie garantiert einen, der zu Ihrem Kleidungsstück passt **A**. Auch hier befindet sich auf der Rückseite eine wärmelösliche Klebstoffschicht **B**. Sie werden genauso aufgebügelt wie die schlichten Bügelflicken (siehe Seite 62), jedoch auf die rechte Stoffseite, denn sie sollen ja sichtbar und durchaus auffällig sein **C**.

Wenn Ihr Motiv mit Pailletten, Perlen oder gar Glitzersteinchen verziert ist, legen Sie vor dem Bügeln ein Baumwolltuch zum Schutz auf das Motiv **D**.

Eigene Motive herstellen

Um individuelle Motive zu gestalten, brauchen Sie lediglich etwas Stoff, Spitze, Bordüre o. ä. **A** sowie ein Stück beidseitig aufbügelbares Vlies, das Sie in Kurzwarenhandlungen bekommen. Die Stoffkanten werden damit versiegelt und fransen somit später nicht aus. Wählen Sie ein Bügelvlies, das auf einer der beiden Klebstoffseiten ein Trägerpapier hat, damit ist die Arbeit wesentlich einfacher **B**.

Schritt 1

Ein Stück Bügelvlies etwas größer als Ihr Motiv zuschneiden. Die beschichtete Seite auf die linke Seite des Flickens auflegen. Mit dem warmen Bügeleisen über das Papier streichen, dabei darauf achten, den Stoff nicht zu verbrennen **C**.

Schritt 2

Nach dem Aufbügeln das Papier entfernen, das Vlies auf die exakte Form Ihres Motivs zurechtschneiden. Nun können Sie Ihr Motiv, wie oben beschrieben, auf Ihre Kleidung aufbügeln.

Selbstklebende Klettverschlüsse

Klettverschlusspunkte **A** oder -streifen **B** eignen sich ausgezeichnet für Notfallreparaturen. In den meisten Supermärkten gibt es ein Grundsortiment an Kurzwaren. Legen Sie ein kleines Päckchen in Ihren Büroschreibtisch oder in das Handschuhfach Ihres Autos. Diese praktischen kleinen Helfer halten auch mal einen kaputten Reißverschluss zusammen.

Schritt 1

Streifen und Punkte auswählen, den Streifen auf die erforderliche Länge zuschneiden. Das Schutzpapier von der „rauen" Hälfte abziehen und fest auf eine Seite des defekten Verschlusses pressen **C**.

Schritt 2

Die andere, „weiche" Hälfte auf der gegenüberliegenden Seite des Verschlusses ausrichten und genauso aufkleben **D**.

Selbstklebende Klettverschlüsse sind zwar praktisch, aber viel kurzlebiger als der aufgenähte (Seite 46–47) oder aufgebügelte Klettverschluss (Seite 48–49). Strapazieren Sie diese selbstklebende Variante daher nicht über.

Peter Praktisch sagt …

Vor dem Waschen das Klebeband und den alten Reißverschluss entfernen.

Dekorative Motive zum Aufbügeln

Eigene Motive

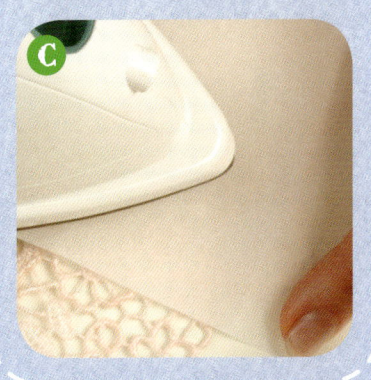

Selbstklebende Klettverschlüsse

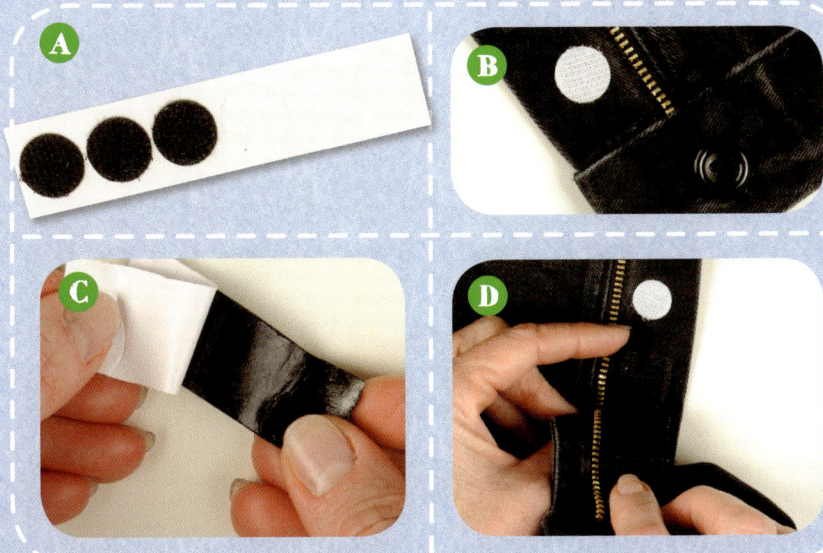

KNOPF AB? RUCK ZUCK REPARIERT

3

Auf & zu

KNOPF AB? AUF & ZU

Beidseitig verdeckter Reißverschluss

Beidseitig verdeckte Reißverschlüsse liegen meist an der Rückseite der Kleidung. Die rückwärtige Naht des Kleidungsstückes wird vom Ende des Reißverschlusses bis zum Saum geschlossen. Die Nahtzugaben werden zur Seite gelegt und die offene Naht flach gebügelt. Die Zähne des Reißverschlusses werden mittig zwischen den Stofflagen ausgerichtet. Wenn er eingenäht ist, treffen die Bruchkanten sauber voreinander.

Schritt 1
Um den Reißverschluss auszuwechseln, müssen unter Umständen die Nähte am Taillenbund oder Halsausschnitt mit einem Nahttrenner ein wenig aufgetrennt werden. Öffnen Sie die entsprechenden Nähte nur so weit, bis Sie den defekten Reißverschluss problemlos heraustrennen können **A**.

Schritt 2
Platzieren Sie den geschlossenen Reißverschluss mit der rechten Seite nach oben auf eine Seite unter die flach gebügelte, offene Naht, dabei liegen die Zähnchen mittig an der Bruchkante. Den Reißverschluss feststecken, damit er beim Nähen nicht verrutscht **B**.

Schritt 3
Die Nahtlinie mit einem Stoffmarkierstift auf dem Stoff anzeichnen **C**. Passendes Nähgarn in die Nähmaschine einfädeln. Den Reißverschlussfuß Ihrer Nähmaschine einsetzen und den Geradstich mit 1,5 mm Stichlänge wählen. Entlang der markierten Linie nähen **D** und das Ende der Naht durch einige Rückstiche verriegeln. Das Kleidungsstück aus der Maschine nehmen.

Schritt 4
Die andere Seite des Reißverschlusses an der anderen Öffnung feststecken, die Nahtlinie mit einem Stoffmarkierstift anzeichnen und wie unter Schritt 3 **D** beschrieben festnähen. Das Nahtende wieder verriegeln, das Kleidungsstück aus der Maschine nehmen und die Fäden abschneiden **E**. Den Reißverschluss mit dem Schieber schließen **F**. Zum Schluss die zuvor geöffneten Nähte mit dem Saumstich (siehe Seite 20) wieder sorgfältig verschließen.

Reparaturset
- Nahttrenner
- Stickschere
- Ersatz-Reißverschluss
- Nähnadel
- Nähgarn
- Stecknadeln
- Wasserlöslicher Stoffmarkierstift
- Lineal
- Nähmaschine mit Reißverschlussfuß

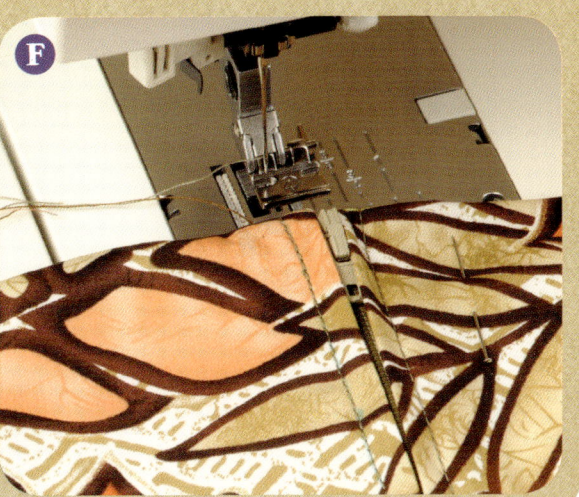

KNOPF AB? AUF & ZU

Einseitig verdeckter Reißverschluss

Bei einseitig verdeckten Reißverschlüssen wird die linke Nahtbandseite des Reißverschlusses in die Nahtzugabe geschoben und so festgenäht, dass die Zähne des Reißverschlusses unter der Stofffalte versteckt sind. Diese Form des Reißverschlusses sieht sehr ordentlich aus.

Schritt 1
Die Nähte am Bund mit einem Nahttrenner so weit öffnen, bis Sie den defekten Reißverschluss heraustrennen können.

Schritt 2
Legen Sie den geschlossenen Reißverschluss mit der rechten Seite nach oben unter die linke Falte der Schlitzöffnung. Den Schieber ca. 1,5 cm weit öffnen Ⓐ. Die Nahtlinie mit einem Lineal und Stoffmarkierstift auf der rechten Stoffseite entlang der linken Seite der Öffnung abwärts anzeichnen Ⓑ.

Schritt 3
Den Reißverschluss mit großen Vorstichen heften oder mit Stecknadeln fixieren, damit er beim Nähen mit der Nähmaschine nicht verrutscht Ⓒ.

Schritt 4
Den Reißverschlussfuß einsetzen und den Geradstich mit Stichlänge 2,5 mm wählen. Dicht entlang der Nahtkante nähen Ⓓ und das Ende der Naht durch einige Rückstiche verriegeln. Das Kleidungsstück aus der Maschine nehmen und die Fäden mit der Schere abschneiden.

Schritt 5
Klappen Sie die Schlitzöffnung über den Reißverschluss, sodass sie etwa 3 mm darüber hinausragt und die Zähnchen verdecken.

Schritt 6
Wenn Sie unsicher sind, ob Sie gerade nähen können, zeichnen Sie die Nahtlinie mit einem Stoffmarkierstift ein. Nähen Sie entlang der Linie bis zum Ende des Schlitzes. Dort die Nadel im Stoff stecken lassen, den Nähfuß anheben und den Stoff um 90° drehen. Den Nähfuß wieder senken und quer über den Stoff und den Reißverschluss nähen, um das Ende des Reißverschlusses zu befestigen. Das Kleidungsstück aus der Maschine nehmen und die Fäden mit der Schere abschneiden Ⓔ.

Reparaturset
- Ersatz-Reißverschluss
- Nähgarn
- Nähnadel
- Nahttrenner
- Schere
- Wasserlöslicher Stoffmarkierstift
- Lineal
- Stecknadeln
- Nähmaschine mit Reißverschlussfuß

AUF & ZU

KNOPF AB?

Hosenreißverschluss

Einen Hosenreißverschluss auszuwechseln, ist nicht ganz ohne. Wenn Sie noch nie mit einer Nähmaschine genäht haben, bitten Sie lieber jemanden um Hilfe, bevor Sie selbst zur Tat schreiten. Oder Sie geben die Hose in Ihre Änderungsschneiderei. Wer bereits Vorkenntnisse hat, kann sich an die Nähmaschine wagen, um einen in einer Schlitzleiste eingesetzten Hosenreißverschluss auszuwechseln.

Schritt 1
Den Taillenbund auf beiden Seiten des Reißverschlusses etwas auftrennen, um den Reißverschluss und die Schlitzleiste herausziehen zu können ❹.

Schritt 2
Die Schlitzleiste, die die Kanten des Reißverschlusses verdeckt, vorsichtig abtrennen. Merken Sie sich, wie die Teile zusammengefügt waren und zeichnen Sie ggf. eine kleine Skizze ❺.

Schritt 3
Den Reißverschluss feststecken oder mit großen Vorstichen auf der Schlitzleiste befestigen, dabei auf der rechten Seite arbeiten ❻. Der untere Stopper des Reißverschlusses soll sich etwa 6 mm unterhalb der Stelle befinden, an der der Schieber nach dem Einnähen endet.

Schritt 4
Nähgarn in die Nähmaschine einfädeln und den Reißverschlussfuß einsetzen. Vom oberen Rand des Reißverschlusses bis zum Ende der Schlitzleiste nähen ❼. Das Ende der Naht verriegeln, bevor Sie die Hose aus der Maschine nehmen. Die Fäden dicht hinter den letzten Stichen mit der Schere abschneiden.

Schritt 5
Nun die andere Seite des Reißverschlusses zwischen Untertritt und Naht feststecken und vom oberen Ende des Reißverschlusses bis zum Ende des Untertritts nähen, dabei befindet sich der Reißverschluss zwischen den beiden Stofflagen.

Schritt 6
Zeichnen Sie mit einem Stoffmarkierstift oder Schneiderkreide eine Nahtlinie auf der Schlitzleiste direkt auf den Einstichlöchern der ursprünglichen Naht ❽.

Schritt 7
Auf der rechten Seite vom Taillenbund aus entlang der Nahtlinie auf der Schlitzleiste abwärts nähen, dabei den Untertritt mitfassen, und am Ende quer über den Verschluss nähen ❾ und die Naht verriegeln. Die Hose aus der Maschine nehmen und die Fäden abschneiden. Die beiden Stofflagen des Untertritts an der Innenseite am unteren Ende der Schlitzleiste zusammennähen ❿.

Schritt 8
Die offenen Nähte am Bund mit Saumstich schließen ⓗ, sodass er die Schlitzleiste und den Reißverschluss verdeckt ⓘ.

Reparaturset
- Ersatz-Reißverschluss
- Nähgarn
- Nähnadel
- Nähmaschine mit Reißverschlussfuß
- Schere
- Schneiderkreide
- Wasserlöslicher Stoffmarkierstift
- Stecknadeln

KNOPF AB? AUF & ZU

Unsichtbarer Reißverschluss

Auch ein unsichtbarer (nahtverdeckter) Reißverschluss – nicht zu verwechseln mit einem beidseitig einnähbaren Reißverschluss – erfordert Näherfahrung, denn wenn er geschlossen ist, ist er kaum zu sehen und die Säume stoßen direkt voreinander. Leider ist er ziemlich empfindlich und geht oft kaputt. Deshalb sollte er nicht an Stellen eingesetzt werden, an denen er stark strapaziert wird.

Ein unsichtbarer Reißverschluss kann nur in geöffnetem Zustand eingenäht werden. Außerdem muss er mindestens 2,5 cm länger als der dafür vorgesehene Schlitz sein, da man nicht bis zum unteren Stopper des Reißverschlusses nähen kann.

Schritt 1
Den Bund etwas auftrennen, um den alten Reißverschluss heraustrennen zu können Ⓐ. Am Ende des Reißverschlusses muss die Naht noch etwa 5 cm weiter aufgetrennt werden Ⓑ.

Schritt 2
Öffnen Sie den Reißverschluss und legen Sie eine Hälfte mit der rechten Seite nach unten auf die Nahtlinie am Kleidungsstück. Heften oder stecken Sie sie fest. Wie in der Abbildung zu sehen, rollen sich die Zähne des Reißverschlusses etwas ein. Drücken Sie die Zähnchen beim Nähen daher immer flach nach außen Ⓒ.

Schritt 3
Setzen Sie den Nähfuß für verdeckte Reißverschlüsse ein und stellen Sie die Nadelposition so ein, dass Sie dicht an den Zähnen entlangnähen können. Der Schieber muss später ungehindert gleiten können, ohne sich in der Naht zu verfangen Ⓓ. An den Zähnen entlang bis etwa 2,5 cm vor Ende des Nahtbandes nähen. Das Ende der Naht durch einige Rückstiche verriegeln, das Kleidungsstück aus der Maschine nehmen und die Fäden abschneiden.

Schritt 4
Die andere Hälfte mit der rechten Seite nach unten auf der Nahtzugabe ausrichten und Schritt 2 wiederholen. Feststecken und vor dem Nähen prüfen, ob sich der Reißverschluss einwandfrei schließen lässt Ⓔ. Die Nadelposition an der Nähmaschine einstellen, um möglichst dicht an den Zähnen nähen zu können. Vom oberen Ende des Reißverschlusses bis 2,5 cm vor Ende des Reißverschlusses abwärts nähen.

Schritt 5
Die Öffnung in der Naht sowie den Bund mit der Maschine oder mit Saumstich von Hand schließen.

Franzi Pfiffig sagt ... Niemals direkt auf einem unsichtbaren Reißverschluss bügeln, denn dadurch würde er beschädigt und unbrauchbar.

Reparaturset

- Ersatz-Reißverschluss
- Nähmaschine mit Nähfuß für verdeckte Reißverschlüsse
- Nähnadel
- Nähgarn
- Schere
- Stecknadeln
- Nahttrenner

KNOPF AB? AUF & ZU

Nähte einfach

Eine Naht mit Rückstich reparieren

Nähte an Röcken oder Hosen schwächeln an stark beanspruchten Stellen nach einiger Zeit. Wenn die Fäden reißen und sich die Nähte auftrennen, wird es Zeit, eine Nadel einzufädeln und den Schaden gleich mit diesem haltbaren und einfachen Stich zu reparieren. Vielleicht probieren Sie ihn vorher an einem kleinen Stück Stoff aus, bis Ihre Stiche sauber und gleichmäßig sind.

Schritt 1
Jede Naht kann auch mal aufplatzen Ⓐ. Verschließen Sie zunächst die Öffnung der Naht mit Stecknadeln. Fädeln Sie einen farblich passenden Faden in eine Nähnadel ein und machen Sie einen Doppelknoten in beide Fadenenden. Den Faden mit einem kleinen Stich auf der Nahtlinie befestigen Ⓑ.

Schritt 2
Einen kleinen geraden Vorstich machen, an der Stoffunterseite eine Stichlänge frei lassen und nach oben stechen. Den Faden nach rechts in den vorherigen Einstich erneut einstechen, um so die entstandene Lücke in der Naht zu füllen. Die Nadel eine Stichlänge nach dem Austrittsloch des vorherigen Stichs wieder nach oben stechen Ⓒ.

Schritt 3
Schritt 2 so oft wiederholen, bis die Naht geschlossen ist, dabei auf gleichmäßige Abstände achten. Den Faden verknoten und abschneiden Ⓓ.

Schritt 4
Mit einem warmen Bügeleisen und einem Bügeltuch die Reparaturstelle der Naht flach bügeln Ⓔ.

Reparaturset
- Nähnadel
- Nähgarn
- Schere
- Stecknadeln
- Bügeleisen

Franzi Pfiffig sagt ...

Sammeln Sie die zu reparierende Kleidung und nehmen Sie sich einmal im Monat Zeit, um offene Nähte zu schließen oder Knöpfe wieder anzunähen. Wenn Sie das regelmäßig tun, haben Sie Ihre Reparaturarbeiten gut im Griff.

KNOPF AB? NÄHTE EINFACH

Kleidung enger machen

Haben Sie eine Diät gemacht und ist Ihre Garderobe nun viel zu weit? Oder ist ein Stück mit der Zeit schlabberig geworden? Nun, nicht alles muss gleich in der Altkleidersammlung landen, schon gar nicht Ihre liebsten oder edelsten Stücke, in denen Sie immer so toll aussehen. Nähen Sie stattdessen einfach ein paar Nähte etwas ein und verlängern Sie die Lebensdauer Ihrer Lieblingssachen.

NÄHTE EINFACH — KNOPF AB?

Schritt 1
Ziehen Sie das Kleidungsstück auf links an. Drücken Sie die Überweite zusammen und fixieren Sie sie mit Stecknadeln (es ist hilfreich, wenn jemand anders das Abstecken übernimmt). Das Kleidungsstück ausziehen, die Stecknadeln ausrichten und gegebenenfalls weitere hinzufügen **Ⓐ**.

Schritt 2
Das Kleidungsstück auf rechts wenden und nochmals anprobieren, um die neue Weite zu prüfen. Gegebenenfalls die Position der Stecknadeln korrigieren. Das Kleidungsstück wieder auf links wenden und die Nahtlinie entlang der Stecknadeln mit einem Stoffmarkierstift anzeichnen **Ⓑ**.

Schritt 3
Wenn Sie von Hand nähen, fädeln Sie einen farblich passenden Faden ein. Die Fadenenden verknoten (siehe Seiten 16–19). Die neue Naht entlang der eingezeichneten Linie mit Rückstichen nähen (siehe Seite 22). Zum Schluss die Fadenenden verknoten und abschneiden. Wenn Sie mit der Nähmaschine arbeiten, stellen Sie einen Geradstich mit einer Stichlänge von 1,5 mm ein. Nähen Sie entlang der eingezeichneten Linie und entfernen Sie dabei nach und nach die Stecknadeln **Ⓒ**. Anfang und Ende der Naht durch ein paar Rückstiche verriegeln.

Schritt 4
Die neue Naht mit einem warmen Bügeleisen flach bügeln. Lösen Sie die alte Naht ggf. mit einem Nahttrenner, wenn sie zu sehr aufträgt, und bügeln Sie sie glatt. Wenn Sie sicher sind, dass die Passform nun stimmt, können Sie auch auf das Öffnen der alten Naht verzichten und einfach etwas von der Nahtzugabe abschneiden. Halten Sie jedoch mindestens 1 cm Abstand zur neuen Naht. Das Kleidungsstück auf rechts wenden und die Naht flach bügeln, dabei ggf. ein Bügeltuch auflegen, um empfindlichen Stoff zu schützen **Ⓓ**.

Reparaturset
- Stecknadeln
- Nähnadel
- Nähgarn
- Schere
- Wasserlöslicher Stoffmarkierstift
- Nähmaschine (optional)
- Bügeleisen und Bügeltuch

KNOPF AB? NÄHTE EINFACH

Kleidung weiter machen

Eine Naht auszulassen, ist keine große Sache, solange ausreichend Stoff zum Auslassen vorhanden ist! Manche Konfektionsware bietet jedoch keinen großen Spielraum. Wenn Ihr Kleidungsstück auch keine Nahtzugabe hat, ist es an der Zeit, sich davon zu verabschieden und es einer Freundin oder der Altkleidersammlung zu spenden. Es wäre in diesem Fall ausgesprochen zeitaufwändig, es weiter zu machen.

Schritt 1
Das Kleidungsstück auf links wenden. Mit einem wasserlöslichen Stoffmarkierstift die Nahtlinie dort kennzeichnen, an der Sie die Naht auslassen möchten **A**.

Schritt 2
Die Naht mit einem Nahttrenner auftrennen (**B** und **C**).

Schritt 3
Wenn Sie von Hand nähen, fädeln Sie einen farblich passenden Faden ein. Die Fadenenden verknoten (siehe Seiten 16–19). Die neue Naht entlang der eingezeichneten Linie mit Rückstichen nähen (siehe Seite 22). Zum Schluss die Fadenenden verknoten und abschneiden. Wenn Sie mit der Nähmaschine arbeiten, stellen Sie einen Geradstich mit einer Stichlänge von 1,5 mm ein. Nähen Sie entlang der eingezeichneten Linie **D**. Anfang und Ende der Naht durch ein paar Rückstiche verriegeln.

Schritt 4
Das Kleidungsstück auf links gewendet lassen und die Naht mit Wasserdampf dämpfen oder ein feuchtes Baumwolltuch auf die Nahtzugabe legen. Ein warmes Bügeleisen (ohne Dampffunktion) auf das Baumwolltuch pressen **E**, um die sichtbaren Einstichstellen der alten Naht zu entfernen und die neue Naht flach zu bügeln.

Reparaturset
- Wasserlöslicher Stoffmarkierstift
- Lineal
- Nahttrenner
- Nähnadel und Nähgarn oder Nähmaschine
- Schere
- Bügeleisen und Baumwolltuch

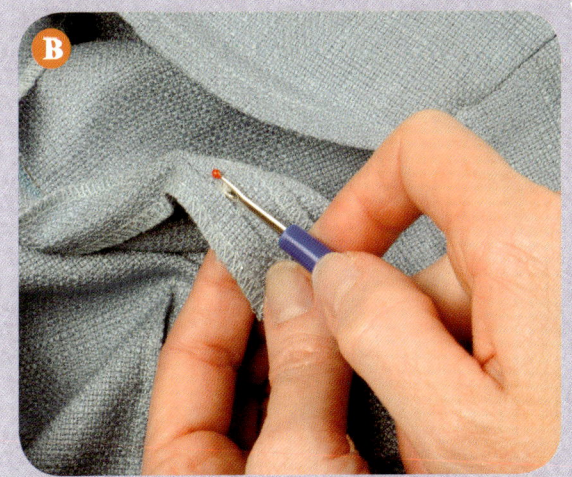

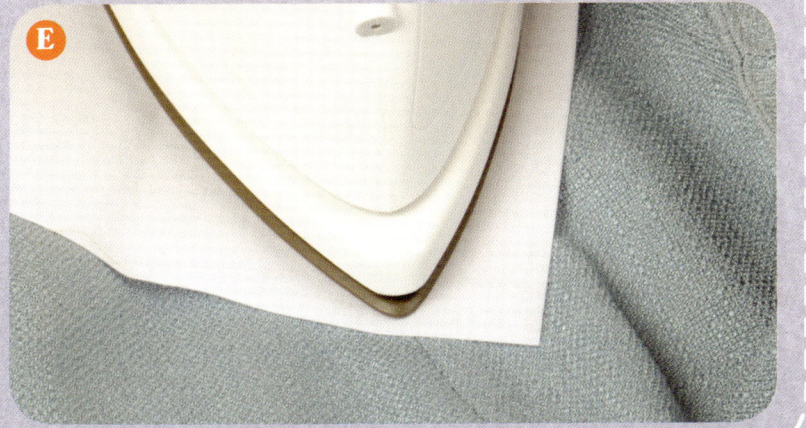

KNOPF AB? NÄHTE EINFACH

83

Die Naht im Hosenschritt reparieren

Nähte im Hosenschritt reißen gerne mal auf, einfach durch den täglichen Verschleiß beim Tragen oder weil das Nähgarn brüchig wurde. Machen Sie sich keine Gedanken! Die Naht lässt sich einfach von Hand oder mit der Nähmaschine reparieren, sodass die geliebte Hose noch eine Weile länger durchhalten wird.

Schritt 1
Nähte im Hosenschritt lösen sich häufig **A**. Wenden Sie die Hose auf links und stecken Sie die geplatzte Naht mit Stecknadeln zusammen **B**. Wenn Sie von Hand nähen möchten, fädeln sie einen farblich passenden Faden ein (hier wird der Deutlichkeit halber kontrastierendes Nähgarn verwendet) und knoten Sie die beiden Fadenenden zusammen (siehe Seiten 16–19). Wenn Sie mit der Nähmaschine arbeiten, stellen Sie einen Geradstich mit einer Stichlänge von 1,5 mm ein.

Schritt 2
Verankern Sie den Faden mindestens 2,5 cm vor der aufgeplatzten Naht und nähen Sie mit Rückstich (siehe Seite 22) sowohl vor dem Loch **C** als auch entlang der alten Naht.

Schritt 3
Über die schadhafte Naht noch mindestens 2,5 cm auf der alten Naht weiternähen **D**, bevor Sie den Faden verknoten und abschneiden.

Schritt 4
Um die Naht im Hosenschritt zu verstärken, können Sie zusätzlich mit vorgefertigtem Schrägband arbeiten. Schneiden Sie eine entsprechende Länge zu, klappen Sie das Band auf und stecken es auf der reparierten Naht fest **E**.

Schritt 5
Das Schrägband entlang des Bruchs auf die Naht im Hosenschritt aufnähen **F**. Wenn Sie von Hand arbeiten, nähen Sie einen Vorstich. Mit der Nähmaschine arbeiten Sie mit einem engen Zickzackstich, dabei stellen Sie die Stichbreite auf 1,5 mm und die Stichlänge auf 2 mm ein.

Reparaturset
- Nähnadel und Nähgarn oder Nähmaschine
- Stecknadeln
- Schere
- Fertiges Schrägband

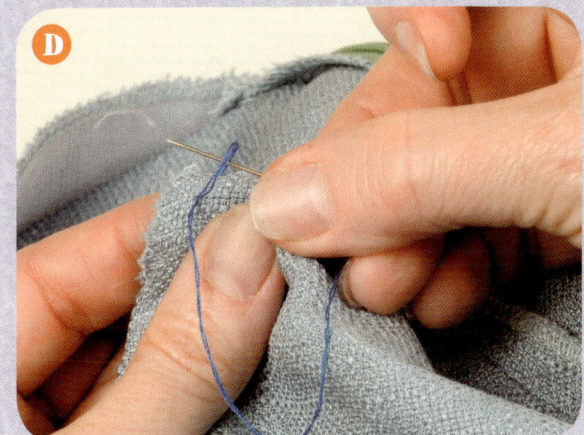

KNOPF AB? NÄHTE EINFACH

Nähte an elastischem Stoff reparieren

Elastische Stoffe sind gänzlich anders verwoben als Webstoffe. Sie sind aus Synthetik- oder Naturfasern hergestellt, die mit Elastan verarbeitet werden. Dies ist das Geheimnis seiner Elastizität. Die Dehnbarkeit der Nähte wird durch das Nähgarn, die Stichlänge sowie die Abstände der Stiche zueinander beeinflusst.

Elastische Stoffe sind wie geschaffen für Sport- und Freizeitkleidung, da die Nähte großen Belastungen ausgesetzt sind – klar, dass dann auch mal die Naht einer Jogging-Hose aufreißen kann **A**.

Elastischen Stoff von Hand nähen

Schritt 1
Fädeln sie einen farblich passenden Polyesterfaden ein (hier wird der Deutlichkeit halber kontrastierendes Nähgarn verwendet) und knoten Sie die beiden Fadenenden zusammen (siehe Seiten 16–19).

Schritt 2
Den Faden mit einigen Rückstichen ca. 2,5 cm vor Beginn der defekten Naht verankern. Setzen Sie kleine Zickzackstiche (siehe Seite 24) in gleichmäßigen Abständen relativ dicht nebeneinander **B**.

Die offene Naht damit schließen und noch etwa 2,5 cm auf der alten Naht weiternähen. Den Faden verknoten und abschneiden.

Elastischen Stoff mit der Nähmaschine nähen

Schritt 1
Einen Zickzackstich mit ca. 1,5 mm Länge und 2 mm Breite einstellen. Die Fäden einige Zentimeter vor der offenen Naht durch Rückstiche verriegeln, die neue Naht über die ursprüngliche Nahtlinie setzen und so die Öffnung schließen **C**. Noch etwa 2,5 cm auf der alten Naht weiternähen, um bessere Haltbarkeit zu erzielen.

Schritt 2
Zum Schluss die Naht durch einige Rückstiche verriegeln. Das Kleidungsstück aus der Maschine nehmen und die Fäden mit der Schere abschneiden.

KNOPF AB? NÄHTE EINFACH

Reparaturset
- Nähnadel
- Farblich passendes Nähgarn
- Nähmaschine (optional)
- Schere

87

Super gesäumt

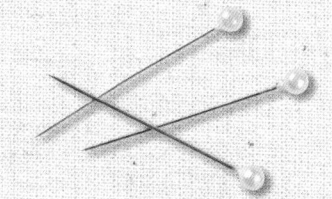

Saumband zum Aufbügeln

Um einen aufgetrennten Saum zu reparieren, müssen Sie nicht einmal nähen können. Saumband oder Bügelvlies ist in jeder gut sortierten Kurzwarenabteilung in unterschiedlichen Größen erhältlich. Bügelvlies besteht aus einer dünnen wärmeempfindlichen Klebstoffschicht. Zwischen zwei Stoffe gelegt und mit einem Bügeleisen erhitzt, schmilzt der Klebstoff und verklebt die Stofflagen miteinander.

Peter Praktisch sagt …

Beim Bügeln immer ein Baumwolltuch zwischen Stoff und Bügeleisen legen. Es schützt nicht nur die Kleidung, sondern verhindert auch, dass eventuell austretender Klebstoff das Bügeleisen verklebt. Der Klebstoff würde sich als klebrige, schwarze Masse auf der Bügelsohle einbrennen und ließe sich nur sehr schwer wieder entfernen.

Schritt 1
Messen Sie die Länge der mit Saumband zu reparierenden Öffnung im Saum ab Ⓐ.

Schritt 2
Die erforderliche Länge an Saumband bzw. Bügelvlies zuschneiden Ⓑ.

Schritt 3
Das Saumband unter die offene Saumkante schieben und so ausrichten, dass es durch den Stoff verdeckt wird Ⓒ.

Schritt 4
Ein leicht feuchtes Baumwolltuch oder ein sauberes Stück Stoff auf den Saum legen und ein heißes Bügeleisen aufpressen Ⓓ, dabei die Hinweise des Herstellers beachten. Das Kleidungsstück vor dem Tragen oder Waschen abkühlen lassen.

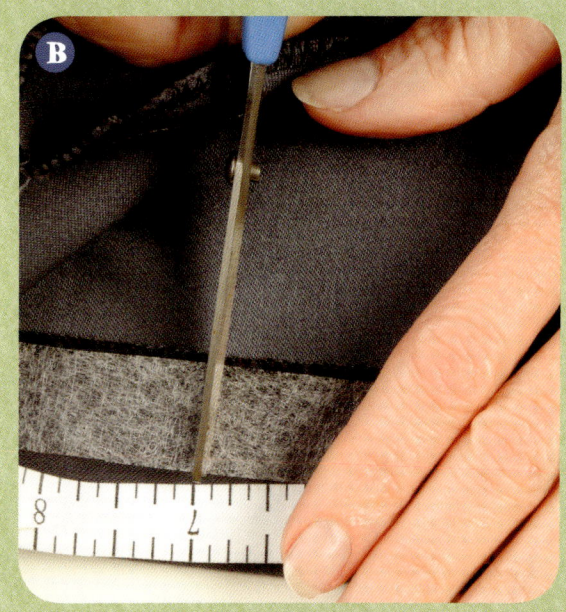

SUPER GESÄUMT

KNOPF AB?

Reparaturset
- Saumband
- Schere
- Bügeleisen
- Baumwoll- oder Bügeltuch
- Maßband

91

Säumen mit Hexenstich

Der Hexenstich ist der ideale Stich, um Säume auszubessern. Er erfordert zwar etwas mehr Zeit als der Saumstich (siehe Seite 20), aber dafür haben Sie auch einen sauber und sicher gefertigten Saum – ein Aufwand, der an hochwertiger Kleidung die Mühe allemal wert ist. Bevor Sie mit der Reparatur beginnen, schauen Sie gegebenenfalls nochmal die Anleitung für den Hexenstich auf Seite 22 an.

Schritt 1
Zunächst die gelösten Fäden des Saums befestigen. Dazu eine Nähnadel einfädeln und die Fäden mit Rückstich (siehe Seite 22) an der Saumkante festnähen, damit sich der Saum nicht noch weiter lösen kann. Fadenreste mit der Schere abschneiden.

Schritt 2
Den gelösten Teil des Saums mit Stecknadeln wieder in der ursprünglichen Position feststecken **A**. Nähnadel einfädeln, ein Fadenende verknoten und den Faden mit einigen Rückstichen in der Saumkante verankern **B**.

Schritt 3
Den Faden ca. 6 mm weit nach rechts entlang der offenen Saumkante führen **C**.

Schritt 4
Die Nadelspitze nach links wenden und einen kleinen Stich von rechts nach links in die Saumkante machen **D**.

Schritt 5
Den Faden durchziehen, leicht schräg nach rechts oben führen und einen Stich von rechts nach links oberhalb der Saumkante machen. Dadurch überkreuzen sich die Fäden **E**. Setzen Sie die Stiche möglichst gleichmäßig **F**.

Schritt 6
Wenn der Saum geschlossen ist, den Faden an der Saumkante mit Rückstichen vernähen und mit der Schere abschneiden.

Reparaturset
- Stecknadeln
- Nähnadel
- Farblich passendes Nähgarn
- Schere

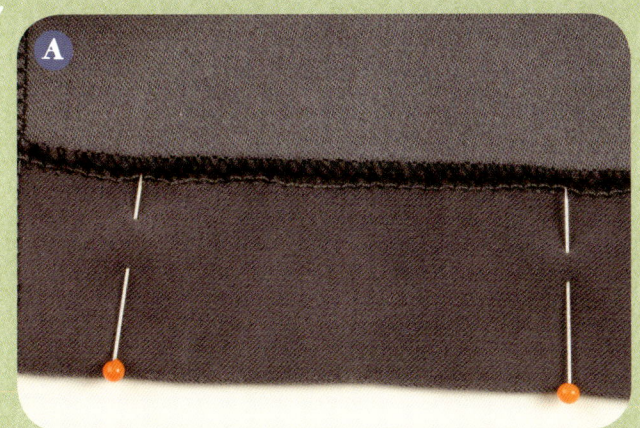

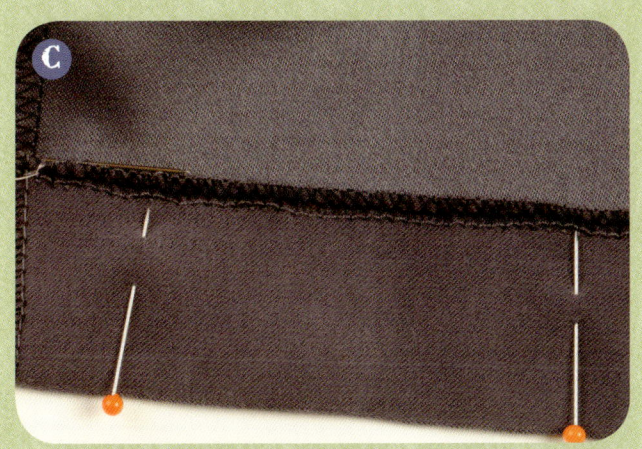
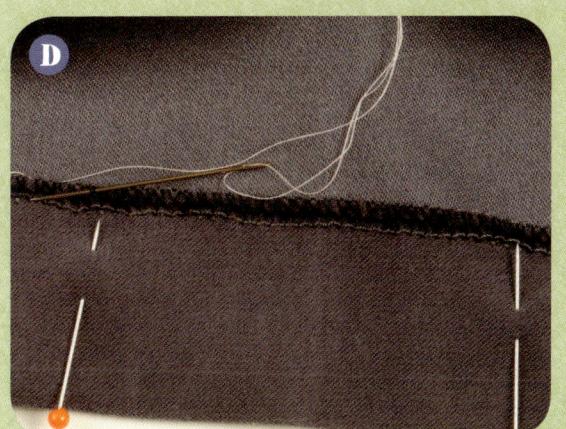
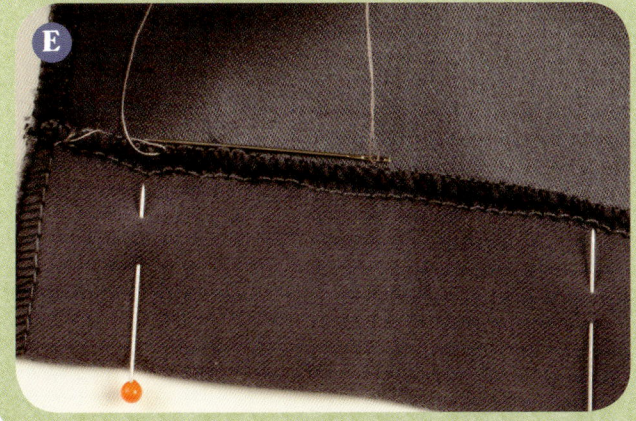

KNOPF AB? SUPER GESÄUMT

Unsichtbare Säume mit transparentem Garn und Bügeleinlage

Diese Technik dient zum Säumen von edlen Stoffen, wie Seide oder Leinen, bei denen die Stiche möglichst nicht auf der rechten Stoffseite zu sehen sein sollen. Auf den Fotos wird zur Veranschaulichung mit kontrastierendem Nähgarn gearbeitet. Sie arbeiten natürlich mit transparentem Nähgarn.

Schritt 1
Messen und schneiden Sie die erforderliche Länge und Breite Bügeleinlage zu. Zeichnen Sie die Maße ggf. mit einem Stoffmarkierstift auf die Einlage **A**.

Schritt 2
Legen Sie die Bügeleinlage auf die linke Seite des aufgeklappten Saums **B**. Legen Sie ein Baumwolltuch obenauf, klappen Sie den Saum zurück und bügeln Sie kräftig, jedoch noch nicht über den späteren Stoffbruch.

Schritt 3
Die gewünschte Saumtiefe ausmessen, den Saum mit Stecknadeln fixieren **C** und mit dem Bügeleisen flach bügeln **D**.

Schritt 4
Die Saumkante mit Saumstich (siehe Seite 20) oder mit Hexenstich (siehe Seite 22 und in der Abbildung rechts) auf der Bügeleinlage festnähen **E**. Zum Schluss die Fadenenden verknoten und abschneiden.

Reparaturset
- Maßband
- Bügeleinlage
- Wasserlöslicher Stoffmarkierstift (optional)
- Bügeleisen
- Bügeltuch
- Dünne Nähnadel
- Transparentes Nylongarn

Franzi Pfiffig sagt …

Bügeln Sie niemals direkt auf transparentem Nähgarn, da dieses schmelzen würde. Bedecken Sie die Naht beim Bügeln stets mit einem Tuch.

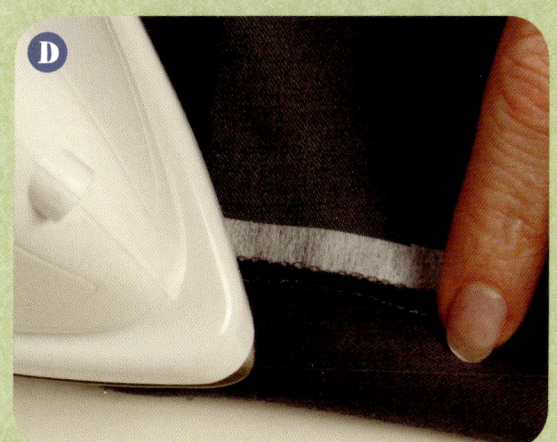
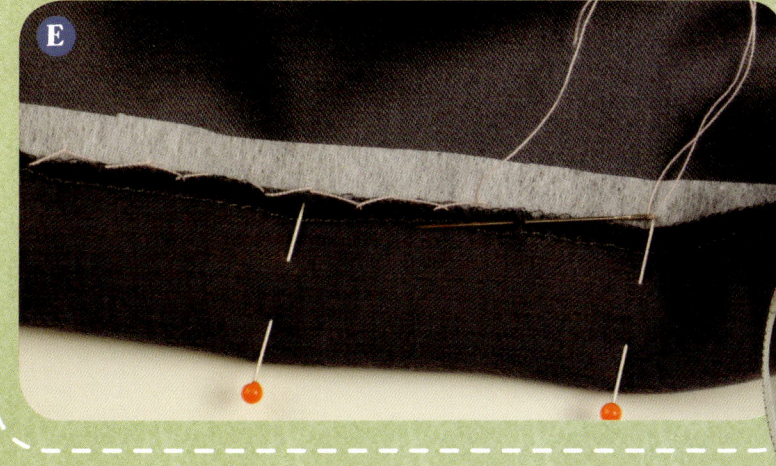

SUPER GESÄUMT

KNOPF AB?

Säumen mit Saumstich

Da sich der Saumstich einfach und schnell nähen lässt, ist er ideal für eine schnelle Reparatur am Saum, egal ob an Kleidung oder Vorhängen. Bevor Sie anfangen, können Sie sich noch einmal die Schritt-für-Schritt-Anleitung auf Seite 20 ansehen.

Peter Praktisch sagt …

Deponieren Sie Nadel und Faden in Ihrem Schreibtisch im Büro. Mit diesem einfachen Stich können Sie blitzschnell jeden Saum reparieren.

Schritt 1
Zunächst die gelösten Fäden des Saums befestigen. Dazu eine Nähnadel einfädeln und die Fäden an der Saumkante mit Rückstich (siehe Seite 22) festnähen, damit sich der Saum nicht noch weiter lösen kann. Fadenreste mit der Schere abschneiden. Den gelösten Teil des Saums mit Stecknadeln wieder in der ursprünglichen Position feststecken **A**.

Schritt 2
Von rechts nach links arbeiten. Nähnadel mit einem langen, farblich passenden Faden einfädeln (hier wird der Deutlichkeit halber kontrastierendes Nähgarn verwendet), ein Fadenende verknoten und den Faden mit einigen Rückstichen in der Saumkante verankern **B**.

Schritt 3
Mit der äußersten Spitze der Nadel ein paar Fäden an der Innenseite des Stoffes (nicht am Saum) genau an der Saumlinie aufnehmen **C**.

Schritt 4
Den Faden vollständig hindurchziehen.

Schritt 5
Als nächstes in die Saumkante stechen und den Faden vollständig durch den Saum ziehen. So wird der Saum direkt an der Saumkante geschlossen **D**.

Schritt 6
Schritte 3–5 wiederholen und so fortfahren, bis die Öffnung im Saum geschlossen ist und Sie wieder auf die intakte Naht stoßen. Das Fadenende auf der vorhandenen Naht mit einigen Rückstichen sichern und mit der Schere abschneiden.

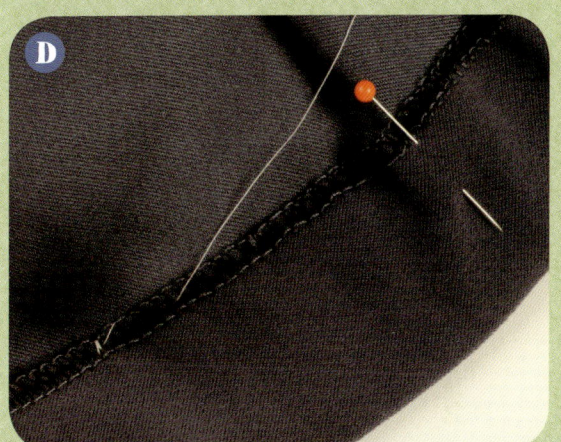

SUPER GESÄUMT

KNOPF AB?

Reparaturset
- Stecknadeln
- Nähnadel
- Farblich passendes Nähgarn
- Schere

Ausgefranste Säume an Hosenbeinen reparieren

Baumwollhosen und Jeans fransen aus, wenn sie zu lang sind und beim Gehen über den Boden geschleift werden oder wenn Sie sich an den Absätzen der Schuhe scheuern. Ausgefranste Hosenbeine wieder in Form zu bringen, ist zwar nicht übermäßig schwierig, dennoch sollte man es tun, bevor es zu spät dafür ist. Diese Reparaturmethode verkürzt die Hosenlänge ein wenig – aber war die Hose nicht sowieso zu lang?

Schritt 1
Häufig nutzt sich der untere Saum einer Hose schnell ab und franst aus **A**. Trennen Sie zunächst die ursprüngliche Saumnaht auf **B**.

Schritt 2
Mit einem warmen Bügeleisen den alten Saum flach bügeln.

Schritt 3
Den Umfang des Hosenbeins am Saum sowie die Saumbreite messen **C**. Die Maße auf Bügeleinlage übertragen und zweimal zuschneiden. Ein Zuschnitt wird später auf die Innenseite des Hosenbeins aufgebügelt, der zweite Zuschnitt auf die Innenseite des Saums. Wenn Sie beide Hosenbeine neu säumen müssen, benötigen Sie vier Zuschnitte von der Bügeleinlage, zwei für jedes Hosenbein. Im Fall, dass beide Hosenbeine repariert werden müssen, achten Sie sowohl vor als auch nach der Reparatur darauf, dass die Maße für die Säume identisch sind.

Schritt 4
Den Saum des Hosenbeins so dicht wie möglich an der ausgefransten Kante mit einer Schere abschneiden. Beide Bügeleinlagenzuschnitte der Länge nach in der Mitte durchschneiden, sodass sie nur noch halb so breit wie der Saum sind. Einen der Bügeleinlagenstreifen auf die Innenseite des abgeschnittenen Saums bügeln **D** und den anderen am unteren Ende auf die Innenseite des Hosenbeins, an dem der Saum wieder befestigt werden soll **E**. Die Einlage verstärkt den neuen Saum.

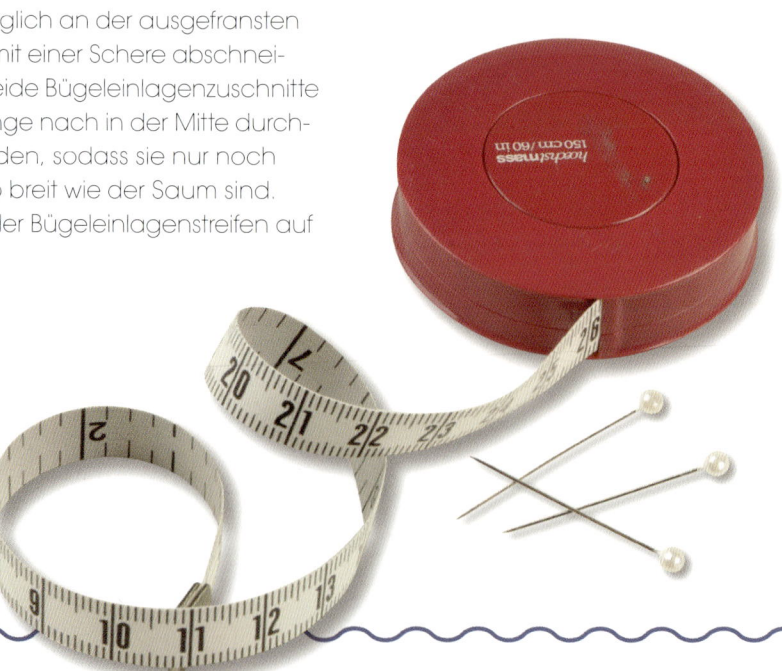

KNOPF AB? SUPER GESÄUMT

Schritt 5
Den abgeschnittenen Saum mit aufgebügelter Einlage rechts auf rechts kantenbündig am Hosenbein feststecken **F**. Den Hosensaum mit farblich passendem Garn mit Rückstich (von Hand) oder Geradstich (mit Nähmaschine) an das untere Ende des Hosenbeins festnähen **G**. Eine kurze Stichlänge wählen.

Schritt 6
Den Saum zurückschlagen, sodass die Bügeleinlage nicht mehr zu sehen ist **H**, und feststecken **I**.

Schritt 7
Zum Schluss den Saum mit Saumstich von Hand oder mit dem Geradstich der Nähmaschine **J** festnähen.

Schritt 8
Die fertige Hose ist nun nicht mehr ausgefranst und der Saum sieht wieder wie neu aus **K**. Die Fadenenden mit der Schere abschneiden **L**.

Franzi Pfiffig sagt ...

Säume an Hosen fransen meist deshalb aus, weil die Hosen zu lang sind. An einer neuen Hose können Sie durch das Kürzen verhindern, dass sie später ausfranst und Sie sie reparieren müssen.

Reparaturset
- Bügeleinlage zum Aufbügeln
- Bügeleisen
- Nähnadel
- Farblich passendes Nähgarn
- Schere
- Nahttrenner
- Stecknadeln
- Maßband
- Nähmaschine (optional)

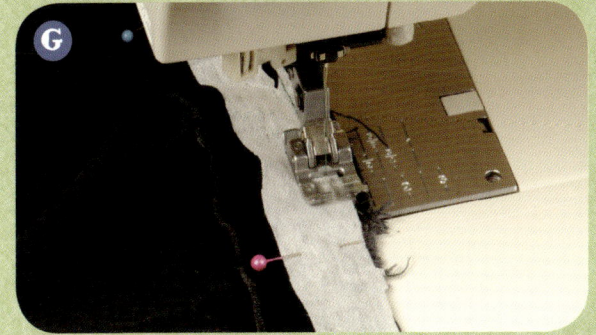

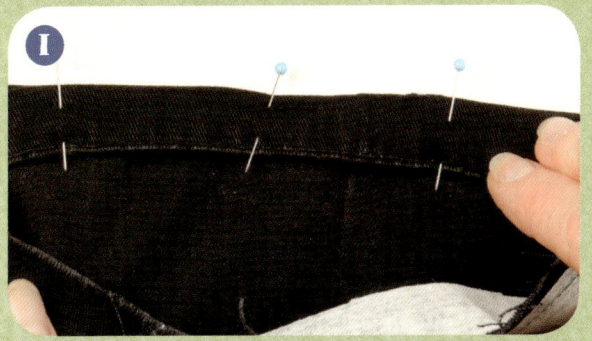

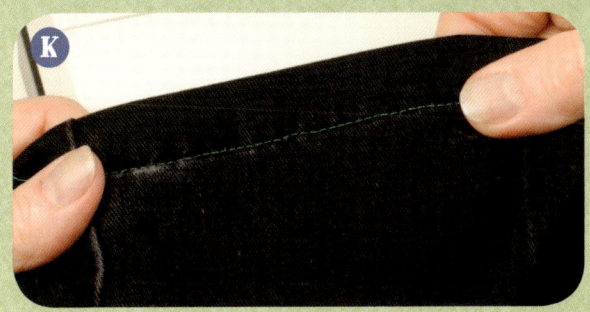

KNOPF AB? SUPER GESÄUMT

Einen Saum mit der Nähmaschine absteppen

Steppstiche sind ein schöner Abschluss für die Säume an Jeanskleidung und werden auch gerne als Detail in Szene gesetzt. Sowohl bei Designer- als auch bei Konfektionskleidung gelten abgesteppte Nähte als dekoratives Finish. Das Nähgarn für Stepparbeiten ist etwas dicker und wird in der Regel in einer kontrastierenden Farbe gewählt, da die Steppstiche ja deutlich sichtbar sein sollen.

SUPER GESÄUMT

Für Stepparbeiten mit dickerem Garn brauchen Sie auch eine andere Nähmaschinennadel, um zu vermeiden, dass es beim Nähen ausfranst. Eine Jeansnadel in Stärke 100 eignet sich zum Nähen mit nahezu allen Steppgarnen.

Schritt 1
Steppnähte können ausschließlich dekorativ sein **A**. Sie benötigen dafür dickeres Nähgarn als für normale Nähte **B**. Fädeln Sie in die Maschine Nähgarn für Steppnähte ein **C** und wählen Sie den Geradstich. Wählen Sie ggf. die Einstellung „Steppstich".

Schritt 2
Stecken Sie den Saum oder die Naht, die Sie absteppen möchten, mit Stecknadeln fest. Markieren Sie die Nahtlinie mit einem Stoffmarkierstift **D**.

Schritt 3
Nähen Sie auf der rechten Stoffseite **E**, denn dies ist die sichtbare Seite **F**.

Schritt 4
Am Ende der Naht nähen Sie noch einige Rückstiche, um die Fäden zu verriegeln. Nehmen Sie den Stoff aus der Maschine, schneiden Sie die Fäden ab **G**. Die Naht mit einem warmen Bügeleisen bügeln.

Reparaturset
- Nähmaschine
- Jeansnadel
- Steppgarn
- Stecknadeln
- Schere
- Wasserlöslicher Stoffmarkierstift

KNOPF AB?

SUPER GESÄUMT

KNOPF AB?

103

Einen Saum mit Blindstich mit der Nähmaschine nähen

Säume an mittelschweren bis schweren Stoffen werden mit dem Blindstich genäht. Moderne Nähmaschinen haben diesen Stich meist im Repertoire. Er besteht aus Geradstichen, die in regelmäßigen Abständen durch einen nach links überspringenden Zickzackstich unterbrochen werden. Der Zickzackstich befestigt den Saum.

Schritt 1
Den Saum feststecken und nach unten auf die rechte Stoffseite klappen, sodass nur noch ca. 6 mm der offenen Stoffkante unter dem neuen Stoffbruch hervorragt. Erneut feststecken **A**.

Schritt 2
Lesen Sie in der Bedienungsanleitung für Ihre Nähmaschine die Anweisungen zum Säumen mit Blindstich vor dem Nähen noch einmal durch. Setzen Sie den Blindstichfuß in die Nähmaschine ein und fädeln Sie farblich passendes oder transparentes Nähgarn ein (hier wird der Deutlichkeit halber kontrastierendes Nähgarn verwendet).

Schritt 3
Beim Nähen muss die Metallführung am Nähfuß parallel zum Stoffbruch verlaufen **B**. Der Geradstich näht auf dem überstehenden Saum, mit dem Zickzackstich werden jeweils einige Fäden aus der Falte aufgegriffen **C**. Das Nahtende durch einige Rückstiche verriegeln.

Schritt 4
Nehmen Sie den Stoff aus der Maschine und schneiden Sie die Fäden ab. Klappen Sie den Saum zurück **D**, legen Sie ein Bügeltuch auf und bügeln Sie die Naht flach. Bügeln Sie jedoch nicht über den Stoffbruch, wenn Sie eine verdeckte Naht an einem Kleidungsstück nähen – Blindsäume sollen weich und gerundet aussehen.

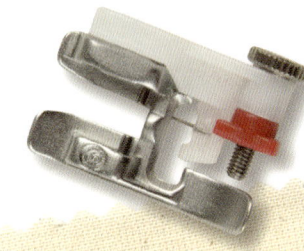

Reparaturset
- Nähmaschine und Blindstichnähfuß
- Farblich passendes oder transparentes Nähgarn
- Bügeleisen
- Bügeltuch
- Stecknadeln

SUPER GESÄUMT · **KNOPF AB?**

KNOPF AB? SUPER GESÄUMT

Den Saum eines gefütterten Rocks reparieren

Diese Technik wird gerne bei gefütterten Kleidungsstücken, z. B. auch Ballroben, angewendet. Aber Sie können damit auch die sichtbare Saumnaht an einem ganz normalen Rock verschwinden lassen, indem Sie die Saumkante so am Futter festnähen, dass man die Naht auf dem Oberstoff nicht sehen kann. Zudem ist es eine ideale Technik für sehr schwere Seidenstoffe, bei denen es sich meist kaum vermeiden lässt, dass die Naht zu sehen wäre.

Schritt 1
Die Seitennaht im Futterstoff etwa 23 cm weit auftrennen **A**.

Schritt 2
Den Saum mit einem Nahttrenner oder einer Nadel vorsichtig auftrennen **B**.

Schritt 3
Das Kleidungsstück durch die geöffnete Seitennaht auf links wenden. Die Säume von Futter und Oberstoff bündig rechts auf rechts legen.

Schritt 4
An den Saumkanten rundum zusammennähen, das Nahtende durch einige Rückstiche verriegeln **C**.

Schritt 5
Nun das Kleidungsstück durch die geöffnete Seitennaht des Futters wieder auf rechts wenden **D**. Die Wendeöffnung mit Saumstich von Hand verschließen.

Schritt 6
Die Säume von der Innenseite flach bügeln **E**, gegebenenfalls ein Bügeltuch auflegen und mit einem warmen Bügeleisen behutsam aufdrücken. Auf der Außenseite des Kleidungsstücks wird diese Naht nicht zu sehen sein **F**.

Reparaturset
- Nahttrenner
- Stecknadeln
- Schere
- Nähmaschine
- Farblich passendes Nähgarn

SUPER GESÄUMT

KNOPF AB?

Einen Saum auslassen

Einen Saum an einem Rock oder einer Hose auszulassen, ist natürlich nur dann möglich, wenn genug Nahtzugabe vorhanden ist. Bei Konfektionsware wird das nicht berücksichtigt, und die Säume sind aus Kostengründen so schmal wie möglich.

Schritt 1
Lösen Sie die Saumnaht vorsichtig mit einem Nahttrenner **A**.

Schritt 2
Füllen Sie 75 ml destilliertes Wasser in eine Sprühflasche und fügen Sie 20 ml Weißweinessig hinzu. Gut durchschütteln und auf den Saum sprühen **B**. **Achtung: Sprühen Sie die Flüssigkeit niemals auf reine Seide oder Stoffe, die nur chemisch gereinigt werden!** Mit Hilfe des Weißweins lassen sich Falten aus Webstoffen leichter entfernen. Legen Sie ein Baumwolltuch auf den Saum, um ihn flach und weich zu machen.
Wenn Sie nur wenig Saum auslassen möchten, sind Sie nach Schritt 3 fertig. Wenn Sie den gesamten Saum auslassen möchten, müssen Sie Schrägband an den Saum nähen. Machen Sie in diesem Fall ab „Schritt 3 alternativ" weiter.

Schritt 3
Die gewünschte Saumlänge abmessen und den Saum feststecken **C**. Den neuen Stoffbruch kräftig einbügeln. Den Saum entweder mit einem Saum- oder Hexenstich (siehe Seiten 20–23) festnähen.

Schritt 3 alternativ
Eine Hälfte des vorgefertigten Schrägbandes öffnen und kantenbündig rechts auf rechts an die offene Saumkante stecken **D**.

Schritt 4
Das Schrägband entlang des Falzes mit Vorstich von Hand oder mit dem Geradstich der Nähmaschine festnähen **E**. Die Nahtzugabe sollte etwa 6 mm betragen.

Schritt 5
Das Schrägband dient nun als Saum. Klappen Sie es auf die Innenseite des Kleidungsstücks, bügeln Sie den neuen Saum flach und stecken Sie ihn fest **F**. Das Schrägband mit Saumstich festnähen, um es in der Position zu halten.

Reparaturset
- Sprühflasche
- 75 ml destilliertes Wasser
- 20 ml Weißweinessig
- Bügeltuch
- Bügeleisen
- Nähnadel
- Farblich passendes Nähgarn
- Schrägband (falls erforderlich)

KNOPF AB? SUPER GESÄUMT

Kleidung kürzen

Viel zu oft wird Kleidung ausrangiert, nur weil sie zu lang ist. Da sich die Modetrends von Saison zu Saison ändern, wandert auch der Saum ständig rauf und runter. Mit wenig Aufwand können Sie die Saumlänge eines Rocks, Kleids oder einer Hose kürzen, wenn Sie den folgenden Arbeitsschritten folgen.

Der beste Weg, die neue Saumlänge zu ermitteln, ist, das Kleidungsstück anzuziehen und jemanden zu bitten, sie anzuzeichnen oder abzustecken. Wenn niemand helfen kann, stellen Sie sich vor einen Spiegel und markieren einen Punkt der gewünschten Länge. Ziehen Sie das Kleidungsstück aus und ermitteln Sie den Abstand zwischen altem Saum und dem von Ihnen eingezeichneten Punkt. Mit diesem Wert zeichnen Sie die neue Saumlinie mit Schneiderkreide rundum ab.

Schritt 1
Die ursprüngliche Naht des Saums mit einem Nahttrenner auftrennen.

Schritt 2
Messen Sie von der Markierung ca. 5 cm abwärts. Markieren Sie ringsum den Stoff dort, wo der Stoffüberschuss abgeschnitten werden muss Ⓐ. Den überschüssigen Stoff abschneiden.

Schritt 3
Für den neuen Saum die Stoffkante etwa 1 cm nach innen einschlagen, die Bruchkante einbügeln. Den Saum bis an die Markierungslinie gleichmäßig auf die linke Stoffseite hochklappen und mit Stecknadeln feststecken Ⓑ.

Schritt 4
Den Saum mit Saumstich oder Hexenstich (siehe Seiten 20–23) an der Innenseite des Kleidungsstücks festnähen Ⓒ und bügeln.

Reparaturset
- Nahttrenner
- Bügeleisen
- Nähnadel
- Farblich passendes Nähgarn
- Schneiderkreide oder wasserlöslicher Stoffmarkierstift
- Maßband oder Messlehre
- Schere

Saumlinien abdecken

Mitunter kommt es vor, dass sich die alte Saumfalte weder durch Bügeln noch durch das Besprühen mit Weißweinessig (siehe Seiten 108–109) entfernen lässt, nachdem Sie den Saum ausgelassen haben. Nun kann Sie nur noch eine Bordüre retten, mit der Sie den alten Stoffbruch bedecken und gezwungenermaßen verschönern.

Dekorative Bordüren und Bänder gibt es bereits in vielen Variationen vorgefertigt. Zier-/Webbänder, Zackenlitze & Co. können am Saum eines Rocks oder Kleids zu einem extravaganten Detail werden. Eine derartige Veränderung kann Ihrem lieb gewonnenen Stück zu einem vollkommen neuen Daseinsabschnitt mit individuellem Charakter verhelfen.

Bordüre von Hand aufnähen

Schritt 1
Messen Sie den Saumumfang und geben Sie beim Zuschneiden der Bordüre 1,5 cm in der Länge hinzu.

Schritt 2
Die Bordüre mittig auf den alten Saum aufstecken **A**. Mit transparentem Nylongarn mit kleinen Saumstichen von Hand (siehe Seite 20) in gleichmäßigen Abständen festnähen **B**.

Bordüre mit der Nähmaschine aufnähen

Schritt 1
Messen Sie den Umfang des Saums aus und geben Sie beim Zuschneiden der Bordüre 1,5 cm in der Länge zu.

Schritt 2
Stellen Sie den Geradstich an der Maschine mit einer Stichlänge von 1,5 mm ein. Fädeln Sie als Oberfaden einen transparenten Nylonfaden und als Unterfaden ein farblich passendes Baumwoll- oder Polyestergarn ein. Die Bordüre feststecken und knappkantig auf das Kleidungsstück aufnähen. Dabei darauf achten, dass Anfang und Ende der Bordüre die rückwärtige Naht des Kleidungsstückes etwas überlappen **C**, damit ein Ende der Bordüre etwas über die Naht herausragt und das andere Ende nach dem Einschlagen bündig abschließt.

Schritt 3
Beginnen Sie, die Oberkante der Bordüre knappkantig festzusteppen. Bevor Sie den Saum vollständig umnäht haben, stoppen Sie ca. 5 cm vor Ende der Bordüre und klappen das überstehende Ende der Bordüre nach innen **D**, sodass es bündig mit der rückwärtigen Naht abschließt. Dabei wird die offene Kante des anderen Bordürenanfangs abgedeckt und mit festgenäht. Nun die untere Kante der Bordüre rundum knappkantig feststeppen **E**. Die fertige Bordüre flach bügeln.

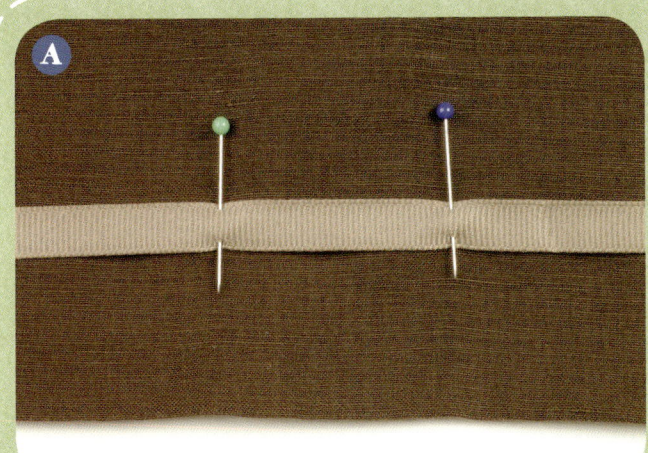

Reparaturset
- Zierband oder Bordüre
- Nähnadel
- Transparentes Nylongarn
- Schere
- Stecknadeln
- Bügeleisen
- Nähmaschine (optional)

KNOPF AB? SUPER GESÄUMT

Einen Rollsaum an empfindlichen Stoffen nähen

Rollsäume finden sich an sehr feinen Stoffen, wie Seide, Voile, Georgette oder hauchdünnem Polyestergewebe. Dieser sehr schmale Saum erlaubt dem Stoff, elegant zu fallen und bleibt trotzdem weitestgehend unauffällig.

Von Hand

Schritt 1
Rollen Sie die Saumkante sehr eng, jedoch nicht schmaler als 6 mm, ein und stecken Sie sie fest. Den Stoffbruch mit einem warmen Bügeleisen andrücken Ⓐ. Stecknadeln entfernen.

Schritt 2
Den Stoff erneut einrollen, bis der erste Saum vollständig verdeckt ist, und feststecken Ⓑ.

Peter Praktisch sagt...

Sprühen Sie bei glattem Stoff Sprühstärke auf die Schnittkanten, bevor Sie ihn einrollen. Dadurch bekommt er mehr „Griff" und lässt sich besser handhaben.

Schritt 3
Transparentes Nähgarn in eine Nähnadel einfädeln und den inneren Stoffbruch mit feinen Saumstichen an der Innenseite des Kleidungsstücks festnähen Ⓒ. Zum Schluss den Faden mit einem Knoten sichern und mit der Schere abschneiden. Den Rollsaum mit einem warmen Bügeleisen in Form bügeln.

Mit der Nähmaschine

Schritt 1
Folgen Sie Schritt 1 und 2 wie beim Nähen von Hand (siehe oben). Die Nähmaschine auf den Geradstich mit 2,5 mm Stichlänge einstellen. Den Saum an der Innenseite des Kleidungsstücks knappkantig festnähen Ⓓ. Die Naht durch einige Rückstiche verriegeln und die Fäden abschneiden. Sie haben nun einen sauberen, maschinengenähten Saum Ⓔ.

Reparaturset
- Nähnadel
- Nähgarn
- Schere
- Stecknadeln
- Nähmaschine (optional)

KNOPF AB? SUPER GESÄUMT

Elastische Stoffe mit der Nähmaschine säumen

Elastische Stoffe sollte man nicht von Hand säumen, da die Naht Spielraum braucht, um sich an den dehnbaren Stoff anzupassen. Falls Sie dennoch von Hand nähen müssen, nähen Sie enge Zickzackstiche mit Polyestergarn (siehe Seite 24).

Schritt 1
Den Saum auf die Innenseite klappen **A**. Das Kleidungsstück wenden und mit der rechten Seite nach oben hinlegen. Wenn die Saumkante nicht deutlich zu erkennen ist, zeichnen Sie sie mit einem Stoffmarkierstift auf der rechten Seite ein. Diese Linie befindet sich dann direkt auf der offenen, innenliegenden Saumkante.

Schritt 2
Setzen Sie die Zwillingsnadel **B** in die Maschine ein. Zwei Garnrollen für den Oberfaden auf die Garnrollenstifthalter stecken und jedes Öhr der Zwillingsnadel einzeln einfädeln **C** (hier wird der Deutlichkeit halber Nähgarn in unterschiedlichen Farben verwendet).

Schritt 3
Einen Geradstich mit 2,5 mm Stichlänge einstellen. Falls Sie eine Nahtlinie eingezeichnet haben (im Foto nicht dargestellt), richten Sie die Zwillingsnadel oberhalb dieser Linie aus. So nähen die Nadeln über die offene Stoffkante des Saums auf der Innenseite des Kleidungsstücks **D**.

Schritt 4
Die Zwillingsnadel näht auf der rechten Stoffseite zwei Geradstiche **E**, auf der Unterseite entsteht ein elastischer Zickzackstich **F**.

Franzi Pfiffig sagt …

Verarbeiten Sie nur Qualitätsnähgarn, das sich weich anfühlt und leicht schimmert. Billiges Nähgarn wird aus kurzen Fasern hergestellt und reißt leicht.

Reparaturset
- Nähmaschine
- Zwillingsnadel
- 2 Rollen Nähgarn
- Schere
- Stecknadeln

KNOPF AB? SUPER GESÄUMT

KNOPF AB? SUPER GESÄUMT

117

6 Frauensache

BH-Träger reparieren

Die Gummibänder an BH-Trägern unterliegen einem normalen Verschleiß oder geraten aus der Form, wenn sie überdehnt werden. Mit der Zeit werden Gummibänder durch häufiges Waschen und Trocknen im Wäschetrockner auch porös und verlieren ihre Elastizität. Ersatz-Träger erhält man in den meisten Kurzwarenhandlungen.

Ersatz-BH-Träger sind gewöhnlich nur in Weiß, Schwarz oder in Hauttönen erhältlich **A**. Weiße Träger lassen sich jedoch mit Stofffarbe umfärben, falls Sie für Ihren BH eine andere Farbe brauchen. Wenn Sie die Träger färben, dann färben Sie den BH gleich mit, so können Sie sicher gehen, dass Ihr BH hinterher eine einheitliche Farbe hat.

Schritt 1

Den kaputten oder ausgeleierten BH-Träger mit der Schere abschneiden **B**. Die meisten BH haben einen Verbindungsring aus Metall oder Kunststoff, mit dem der Träger befestigt ist. Fädeln Sie den neuen Träger durch den Ring, schlagen Sie ihn um den Ring zurück und stecken Sie das Ende mit einer Stecknadel auf der Innenkante des Trägers fest **C**.

Schritt 2

Eine Nähnadel einfädeln und den Fadenanfang mit einigen kleinen Rückstichen verankern. An der Gummibandkante mit sehr kleinen Rückstichen entlangnähen, um das Band sicher zu befestigen **D**. Das andere Ende des BH-Trägers in gleicher Weise an der Vorderseite des BHs am Cup festnähen **E**. Zum Schluss den Träger auf die richtige Länge einstellen.

Reparaturset
- Schere
- Nähnadel
- Farblich passendes Nähgarn
- Ersatz-BH-Träger
- Stecknadeln

Franzi Pfiffig sagt …

Gut sitzende BH sind Gold wert und meist sehr teuer! Ein bequemer BH sollte mit Liebe behandelt werden. Genießen Sie Ihre kostbare Investition möglichst lange, indem Sie den BH von Hand mit einer milden Seife oder mit Shampoo waschen. Dann wird er Sie viele Jahre begleiten.

KNOPF AB? FRAUENSACHE

BH-Verlängerung befestigen

BH-Verlängerungen sind großartig – Enge, Abschnürung, Luftnot, jede Art von Unbequemlichkeit, die durch Schwangerschaft, Gewichtszunahme oder Einlaufen des BHs entstehen kann, ist Schnee von gestern! BH-Verlängerungen bestehen aus Stretchband mit einer Hakenreihe aus Metall-Ösen. Die Verlängerung lässt sich ganz einfach auf der Rückseite einhaken und individuell einstellen.

Franzi Pfiffig sagt ...

BH-Verlängerungen gibt es als ein-, zwei- oder dreireihigen Verschluss. Sie können mit Stofffarbe, die sich für Dessous eignet, passend eingefärbt werden. Beachten Sie dabei die Hinweise des Herstellers.

BH-Verlängerungen

BH-Verlängerungen erhält man in Dessous-Läden oder in Kurzwarenhandlungen. Notfalls können Sie eine Verlängerung selber herstellen, indem Sie einen Haken und mehrere Ösen auf ein Stück Stoff nähen und dieses dann am Verschluss Ihres BHs befestigen.

Schritt 1
Haken Sie die Verlängerung in eine Öse (oder Ösenreihe) am BH ein Ⓐ.

Schritt 2
Schließen Sie den BH, indem Sie die Haken des BHs in die Ösen der Verlängerung einhaken – einfacher geht's nicht! Ⓑ

Trägerpolster

Falls die Träger Ihres BHs an den Schultern einschnüren, schaffen Trägerpolster Abhilfe. Sie lassen sich ganz leicht auf die BH-Träger aufziehen Ⓒ. Sie bewirken eine Art Kisseneffekt, der Scheuern und Rötungen auf der Haut verhindert. Trägerpolster erhalten Sie in gut sortierten Kurzwarenhandlungen.

BH-Verlängerungen

Trägerpolster

FRAUENSACHE

KNOPF AB?

Rutschende BH-Träger auf den Schultern halten

Schmale oder abfallende Schultern lassen die Träger des BHs permanent von den Schultern rutschen. Wir neigen dann dazu, die Riemen an den Trägern zu verkürzen, was jedoch nur dazu führt, dass der BH im Rücken nicht mehr richtig sitzt. Und früher oder später wird er sein unausweichliches, unrühmliches Ende finden. Die schlichten, unscheinbaren Trägerhalter, die auf die Innenseite der Kleidung genäht werden, sorgen jedoch für Abhilfe!

Leider hat bisher noch niemand etwas erfunden, das man direkt am BH befestigen kann, um rutschende Träger aufzuhalten. So begnügen wir uns mit diesen Trägerhaltern, die aus einem einfachen Band mit Druckknöpfen bestehen **A**. Sie werden an der Innenseite der Kleidung festgenäht. Trägerhalter sind in Dessous-Läden oder gut sortierten Kurzwarenhandlungen erhältlich.

Reparaturset
- 2 Trägerhaltebänder (pro Kleidungsstück)
- Schere
- Farblich passendes Nähgarn
- Nähnadel

Schritt 1
Ziehen Sie das betreffende Kleidungsstück an. Markieren Sie an der Schulternaht mit einer Stecknadel die Stelle, an der der Trägerhalter an der Naht eingenäht werden soll. Das Kleidungsstück ausziehen, dabei darauf achten, die Stecknadel nicht herauszuziehen **B**.

Schritt 2
Öffnen Sie den Druckknopf am Trägerhalter. Das Band in der Mitte an der markierten Stelle der Schulternaht mit einer Stecknadel feststecken **C**.

Schritt 3
Nähgarn in eine Nähnadel einfädeln und beide Fadenenden verknoten. Das Band innen in der Mitte mit Rückstich an der Schulternaht festnähen. Stechen Sie möglichst nicht durch das Kleidungsstück nach außen. Nähen Sie den Trägerhalter daher am besten genau auf die Nahtzugabe der Schulternaht **D**.

Schritt 4
Probieren Sie das Kleidungsstück an. Die Bandenden um den Träger herumlegen und den Druckknopf schließen. So bleibt er an seinem Platz **E**!

FRAUENSACHE

KNOPF AB?

Bügel-BH reparieren

Wer BH mit Drahtbügeln unbequem finden, kann sie rigoros entfernen. Wer jedoch auf diese Unterstützung nicht verzichten möchte und sich die Drähte bereits durch den Stoffs gebohrt haben, kann mit der hier beschriebenen Reparatur ganz einfach Abhilfe schaffen. So bleibt der BH bequem.

Drahtunterfütterung entfernen

Schritt 1
Um die Bügel aus BH-Cups zu entfernen, schneiden Sie möglichst dicht an der oberen Außenecke des BHs ein kleines Loch in die Ummantelung, in der der Bügel steckt ❹. Verletzen Sie dabei auf keinen Fall das elastische Gummiband des Trägers. Ziehen Sie den Bügel durch das Loch heraus ❺.

Schritt 2
Nähen Sie das Loch mit kleinen Rückstichen wieder zu ❻.

Reparaturset
- Nähnadel
- Farblich passendes Nähgarn
- Schere

Durchstechende Drähte reparieren

Schritt 1
BH-Bügel bohren sich früher oder später durch ihre gepolsterte Ummantelung, die sie in Position hält ❹. Wenn die Bügel herausragen, müssen sie wieder in die Ummantelung zurückgeschoben werden ❺, und das Loch muss geschlossen werden.

Schritt 2
Eine Nähnadel einfädeln und beide Fadenenden verknoten. Das Loch zunähen, dabei jeden Stich zwei- oder dreimal übereinandernähen ❻, damit der Stoff nicht gleich beim ersten Tragen wieder durchstochen werden kann. Die Fadenenden verknoten und mit der Schere abschneiden.

KNOPF AB? **FRAUENSACHE**

Fest & fertig

Schnellreparatur mit Bügeleinlage

Sind Sie hängen geblieben, und nun ist ein Loch im Hemd oder die Rocknaht aufgerissen? Keine Panik! Mit Bügeleinlage lässt sich der Schaden schnell beheben. Es ist nicht verkehrt, immer einen kleinen Vorrat in Weiß und Schwarz zu haben.

KNOPF AB? FEST & FERTIG

Schritt 1
Den Stoff um den Riss **A** herum flach bügeln, sodass sich die gerissenen Kanten möglichst berühren **B**. Die Kleidung auf links wenden.

Schritt 2
Ein Stück Bügeleinlage zuschneiden, das ringsum etwas größer als der Riss ist. Die Bügeleinlage mit der Klebeseite auf der linken Stoffseite über den Riss legen **C**.

Schritt 3
Die Bügeleinlage mit einem Tuch bedecken, etwas befeuchten (besprühen). Das Bügeleisen ca. 30 Sekunden fest auf das Tuch pressen. Überprüfen Sie, ob sich die Einlage vollständig mit dem Stoff verbunden hat. Falls nicht, den Vorgang wiederholen. Das Bügeleisen jedoch nie länger als 30 Sekunden aufpressen, da sonst der Stoff beschädigt werden könnte.

Schritt 4
Das Kleidungsstück wieder auf rechts wenden. Einzelne Fransen oder Fäden vorsichtig mit einer Schere entfernen **D**.

Reparaturset
- Bügeleinlage
- Schere
- Bügeleisen
- Sprühflasche
- Bügeltuch

Peter Praktisch sagt ...
Reparieren Sie auf diese Art keine Stoffe, die ausschließlich chemisch gereinigt werden dürfen.

KNOPF AB? FEST & FERTIG

131

Ein Loch stopfen

Gleich nach Bügeln steht das Stopfen sicher ganz oben auf der Liste unserer Lieblingsbeschäftigungen, dennoch ist es manchmal nützlich, es zu beherrschen. Denken Sie nur an Ihre superbequeme Hose, die zu fast jeder Bluse passt. Machen Sie es sich gemütlich und gehen Sie entspannt an die verhasste Stopfarbeit.

Viele kleine Löcher lassen sich einfach und schnell lediglich mit einem Stück Bügeleinlage reparieren (siehe Seiten 130–131). Manche Löcher lassen sich auch gut mit der Nähmaschine stopfen. Allerdings können Löcher auch an schwierigen Stellen in der Kleidung sitzen – das klassische Musterbeispiel ist das Loch in der Ferse oder am Zeh. Hier können Sie sich nicht herausreden: Die Socke kann nur von Hand gestopft werden.

Stopfen mit der Nähmaschine

Schritt 1
Fädeln Sie farblich passendes Nähgarn in Ihre Nähmaschine ein (hier wird der Deutlichkeit halber kontrastierendes Nähgarn verwendet) und stellen Sie einen Geradstich mit 1,5 mm Stichlänge ein. Legen Sie gegebenenfalls ein Stück Stickvlies, das insgesamt etwas größer ist als das Loch, auf der linken Stoffseite unter, damit sich der Stoff beim Nähen nicht zusammenzieht. Auf der rechten Stoffseite der Breite nach über den Riss vor- und zurücknähen, dabei jeweils über den Riss hinaus noch ein kleines Stück weit auf den intakten Stoff nähen. So fortfahren, bis der Riss komplett übernäht ist. Verriegeln Sie die Naht durch einige Rückstiche und schneiden Sie die Fäden mit der Schere ab **A**.

Schritt 2
Drehen Sie den Stoff um 90 Grad und nähen Sie nun in der gleichen Weise vor und zurück über den Riss. Wenn der Riss wieder komplett übernäht ist, verriegeln Sie die Naht durch einige Rückstiche und schneiden Sie die Fäden ab **B**. Auf der Rückseite lässt sich das überstehende Vlies leicht entfernen.

Stopfen von Hand

Schritt 1
Schieben Sie eine Hand **A** oder einen Stopfpilz unter das Loch in der Socke, damit Sie das Loch etwas spannen können.

Schritt 2
Fädeln Sie farblich passendes Stopfgarn in eine Stopfnadel ein (hier wird der Deutlichkeit halber kontrastierendes Garn verwendet) und nähen Sie kleine Vorstiche in mehreren Reihen über das Loch hinweg, bis es übernäht ist **B**.

Schritt 3
Nähen Sie in gleicher Weise um 90 Grad gedreht quer darüber, um die Stiche gitterartig zu verstärken **C**. Zum Schluss den Faden verknoten und abschneiden.

Stopfen mit der Nähmaschine

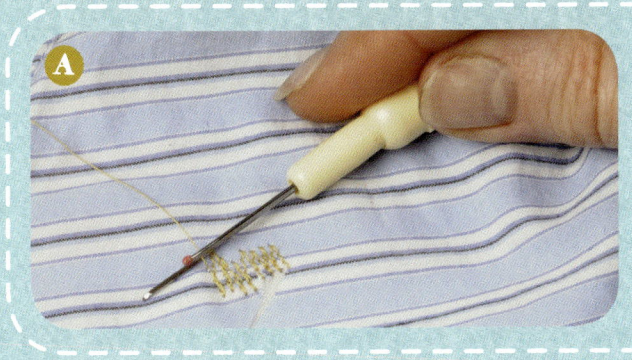

Stopfen von Hand

Franzi Pfiffig sagt …

Leinen und locker gewebte Stoffe immer vor dem Waschen stopfen, da die Ränder am Loch oder Riss schnell ausfransen und beim Waschen noch größer werden. Die Reparatur wird dann umso schwieriger.

KNOPF AB? FEST & FERTIG

Ziehfäden in Strickwaren reparieren

Ein Ziehfaden in Ihrem allerliebsten Kuschelpullover ist kein Weltuntergang! Wenn der Faden noch intakt ist und keine Reise als Laufmasche durch das Strickmuster angetreten hat, kann er auf die Innenseite gezogen und dort festgenäht werden. Schon ist die gemütliche Weste oder der mollige Pulli gerettet!

Schritt 1
Eine Nähnadel einfädeln und die Fadenenden verknoten. Den Ziehfaden und die umliegenden Maschen vorsichtig in die Hand nehmen, ohne dass eine Laufmasche entsteht **A**. Der Ziehfaden befindet sich meist außen. Stechen Sie in das Ende und befestigen Sie daran das Nähgarn **B**.

Schritt 2
Ziehen Sie den befestigten Ziehfaden mit der Nadel durch die zum Faden gehörige Wollmasche **C** auf die Innenseite des Kleidungsstücks durch **D**.

Schritt 3
Die Strickware glatt streichen, um einen Faltenwurf an der Außenseite zu vermeiden. Den Wollfaden an der Stelle an der Innenseite festnähen, an der Sie ihn durchgezogen haben, und das Loch mit kleinen, gleichmäßigen Rückstichen schließen **E**, dabei nicht auf die Außenseite durchstechen, so bleibt er unsichtbar **F**.

> **Peter Praktisch sagt ...**
> Grobmaschige Strickware kann sehr leicht Ziehfäden bekommen. Vermeiden Sie es daher, sie mit scharfkantigem Schmuck zu kombinieren. So schalten Sie die naheliegendsten Gefahrenquellen schon mal aus.

Reparaturset
- Nähnadel
- Farblich passendes Nähgarn
- Schere

KNOPF AB? FEST & FERTIG

KNOPF AB? FEST & FERTIG

Löcher in elastischen Stoffen ausbessern und verdecken

Wenn elastische Stoffe einreißen, entstehen oft hässliche Laufmaschen. Eine Reparatur ist nicht gerade einfach. Decken Sie in diesem Fall das Loch auf der Innenseite mit einem Flicken aus dem gleichen Stoff ab oder seien Sie offensiv und kleben Sie einen Motivflicken von außen auf das Loch.

Schritt 1
Ein ausreichend großes Stück Stoff Ⓐ zuschneiden. Dieses muss ein bisschen größer sein als das Loch im beschädigten Kleidungsstück Ⓑ.

Schritt 2
Ein Stück Bügelvlies in der gleichen Größe zuschneiden und auf die Rückseite des Stoffzuschnitts aufbügeln, zum Schutz ein Bügeltuch auflegen Ⓒ.

Schritt 3
Den Stoff mit dem aufgebügelten Vlies auf die Innenseite des Kleidungsstücks legen, dabei liegt die Vliesseite auf dem Loch Ⓓ. Mit einem Tuch bedecken und ein heißes Bügeleisen ca. 20–30 Sekunden fest darauf drücken (beachten Sie die Hinweise des Herstellers).

Schritt 4
Wenden Sie das Kleidungsstück und überprüfen Sie, ob das Loch vollständig geschlossen ist Ⓔ.

Reparaturset
- Bügelvlies
- Ein Stück passenden elastischen Stoff
- Schere
- Bügeleisen
- Bügeltuch

Franzi Pfiffig sagt …

Ein kleines Loch können Sie auch mit Motivflicken ausbessern. Siehe Seite 64, um Motive selbst herzustellen.

KNOPF AB? **FEST & FERTIG**

Unsichtbare Reparaturen an grobmaschigen Webstoffen

Falls ein wertvolles Kleidungsstück beschädigt ist, sollten Sie evtl. ein darauf spezialisiertes Unternehmen beauftragen. An kleine Löcher in Jacken oder Mänteln, die z. B. durch Mottenfraß entstanden sind, kann man sich auch selber heranwagen. Allerdings dürfen die Löcher wirklich nicht zu groß sein.

Schritt 1
Legen Sie die zu reparierende Stelle mit der linken Seite nach oben flach vor sich hin **A**. Schneiden Sie ein kleines Stoffstück aus einer Nahtzugabe an der Innenseite heraus. Wählen Sie eine Stelle, an der es nicht auffällt, wenn etwas Stoff fehlt **B**.

Schritt 2
Das Stoffstück zu losen Gewebefasern zerkleinern **C**. Noch weiter zerschneiden, bis die Fäden fast pulverförmig sind **D**.

Schritt 3
Winzige Schnipsel von Saumband untermischen **E**. Den Mix aus zerkleinertem Gewebe und Saumband mit der Spitze einer geschlossenen Schneiderschere in das Loch im Kleidungsstück stopfen **F**. Die Mischung darf jedoch nicht überstehen **G**.

Schritt 4
Erst ein kleines Stück Bügelvlies, das geringfügig größer als das Loch ist, und anschließend Backpapier oder Dauerbackfolie auf das Loch legen. Mit einem warmen Bügeleisen erst flach drücken **H**, dann das Bügeleisen ca. 10 Sekunden hin- und herbewegen. Entfernen Sie vorsichtig das Bügelvlies und das Backpapier und überprüfen Sie, ob der Faser-Mix im Loch gut verschmolzen ist.

Schritt 5
Das Kleidungsstück auf links wenden und zur Verstärkung ein ausreichend großes Stück Bügeleinlage auf das geflickte Loch aufbügeln **I**.

Reparaturset
- Schere
- Saumband oder Bügelvlies
- Ein kleines Stück Bügeleinlage
- Backpapier oder Dauerbackfolie (mit Teflon beschichtet)
- Bügeleisen

KNOPF AB? FEST & FERTIG

139

Eingerissene Hemdtaschen entfernen oder reparieren

Hemdtaschen gehen häufig deshalb kaputt, weil Stifte, Brille, Kärtchen etc. ständig hineingesteckt und wieder herausgeholt werden. Die Stifte können ein Loch in das Hemd oder die Tasche bohren oder die Nähte werden einfach brüchig. Nun kann man die Tasche entweder entfernen oder doch relativ einfach reparieren.

Hemdtasche vollständig entfernen

Schritt 1
Die Naht mit einem Nahttrenner auf der linken Seite des Hemds vorsichtig auftrennen Ⓐ.

Schritt 2
Den aufgetrennten Bereich der Naht mit Wasser besprühen und flach drücken. Wenn trotzdem noch zu sehen ist, wo die Tasche befestigt war, befüllen Sie eine Sprühflasche mit 75 ml destilliertem Wasser und 20 ml Weißweinessig. Gut schütteln und damit den Stoff besprühen.

Beachten Sie: Reine Seide oder Stoffe, die chemisch gereinigt werden müssen, darf man nicht besprühen! Den betreffenden Bereich mit einem Tuch abdecken und flach bügeln.

Hemdtasche reparieren

Schritt 1
Stecken Sie die Hemdtasche zunächst mit Stecknadeln wieder in ihre Position Ⓑ. Farblich passendes Nähgarn in eine Nähnadel einfädeln (hier wird der Deutlichkeit halber kontrastierendes Garn verwendet) und ein Fadenende verknoten. Auf der linken Stoffseite beginnen und nach außen stechen. Mit Rückstichen zunächst ein Stück auf der intakten Naht nähen.

Schritt 2
Mit kleinen, gleichmäßigen Rückstichen die offene Naht schließen, bis die Tasche wieder fest an ihrer ursprünglichen Position sitzt Ⓒ. Das Fadenende auf der Innenseite verknoten und abschneiden.

Reparaturset
- Nahttrenner
- Sprühflasche
- 75 ml destilliertes Wasser
- 20 ml Weißweinessig
- Nähnadel
- Farblich passendes Nähgarn
- Schere
- Stecknadeln

A

B

C

KNOPF AB? FEST & FERTIG

141

Halsausschnitt verengen

Ist Ihr toller Pullover am Halsausschnitt ausgeleiert, sodass Sie mit Nadel, Brosche & Co. tricksen müssen? Gedehnte Halsausschnitte in Strickware lassen sich zwar nicht leicht wieder in Form bringen, aber wenn der Rest noch immer gut sitzt, kann man zumindest versuchen, die Kante mit dem Knopflochstich zu bändigen.

Peter Praktisch sagt …

Arbeiten Sie kleine Perlen oder Roccailles beim Übernähen des Halsausschnitts als dekoratives, glitzerndes Finish mit ein.

Bevor Sie an Ihr heiß geliebtes Kleidungsstück gehen, sollten Sie den Knopflochstich (siehe Seiten 20–21) vielleicht noch einmal üben.

Schritt 1
Fädeln Sie farblich passendes Nähgarn in eine Nähnadel ein (hier wird der Deutlichkeit halber kontrastierendes Nähgarn verwendet). Beginnen Sie an einer Schulternaht. Nähen Sie einen kleinen Knopflochstich mit gleichmäßig großen Abständen entlang der Kante. Halten Sie die Faden möglichst straff, sodass der Halsausschnitt dadurch etwas eingehalten wird Ⓐ.

Schritt 2
Wenn der Halsausschnitt komplett umnäht ist, machen Sie einige Rückstiche an der Innenseite des Kleidungsstücks, um den Faden zu vernähen Ⓑ Den Faden mit der Schere abschneiden.

KNOPF AB? FEST & FERTIG

Reparaturset
- Farblich passendes Nähgarn
- Nähnadel
- Schere

Weit geschnittene Bluse auf figurbetonte Passform ändern

Um einer weiten Bluse eine etwas figurbetontere Passform zu geben, werden die Seitennähte an der Taille etwas eingenäht, sodass sie eine Sanduhrform erhält – so einfach ist es, einem unförmigen Top zu neuer Form zu verhelfen! Auf die gleiche Art können Sie auch die Seitennähte eines Kleides korrigieren.

FEST & FERTIG

KNOPF AB?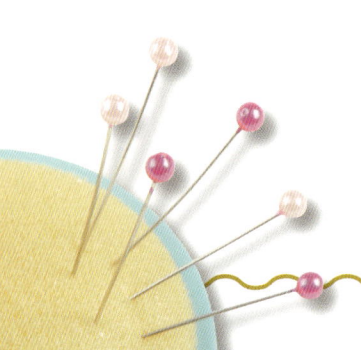

Schritt 1
Die Bluse auf links wenden und die Seitennähte von ca. 13 cm oberhalb der Taille bis 7,5 cm unterhalb der Taille schrittweise abstecken. Die neue Nahtlinie sollte dabei eine sanfte Kurve beschreiben, bis sie wieder auf die Originalnaht trifft. Zeichnen Sie die Kurve mit einem wasserlöslichen Stoffmarkierstift ein ⓐ. Bevor Sie mit dem Nähen beginnen, überprüfen Sie, ob die Kurven auf beiden Seiten der Bluse symmetrisch sind.

Schritt 2
Mit dem Rückstich von Hand (siehe Seite 22) oder dem Geradstich der Nähmaschine nähen. Am Nahtanfang den Faden mit einigen Rückstichen an der ursprünglichen Naht befestigen. Mit gleichmäßigen Stichen entlang der neu eingezeichneten Nahtlinie fortfahren ⓑ

Schritt 3
Am Ende der neuen Naht den Faden mit einigen zusätzlichen Rückstichen vernähen und abschneiden ⓒ. Die Schritte 2 und 3 auf der anderen Seite der Bluse wiederholen. Die neuen Nähte flach bügeln und überprüfen, ob die Nahtübergänge weich und fließend gelungen sind.

Reparaturset
- Nähnadel
- Farblich passendes Nähgarn
- Nähmaschine (optional)
- Schere
- Stecknadeln
- Wasserlöslicher Stoffmarkierstift
- Maßband

A

B

C

KNOPF AB? FEST & FERTIG

145

Abnäher in ein Top oder eine Bluse nähen

Eine weit geschnittene Bluse erhält auch durch senkrechte Abnäher eine bessere Passform. Diese werden von innen an der Vorderseite genäht und reichen vom Saum bis zur Brust. Kombinieren Sie diese Technik mit den seitlichen Abnähern (siehe Seiten 144–145) und zaubern Sie eine sehr körperbetonte Bluse.

Schritt 1
Ziehen Sie die Bluse auf links an und stecken Sie vor einem Spiegel eine vertikale Naht ab, die vom Saum bis zur Mitte der Brust reicht. Der Abnäher sollte am Saum sehr schmal sein, zur Taille etwas breiter werden und bis zum Ende sanft abnehmen und schließlich auslaufen. Auf dem anderen Vorderteil der Bluse wiederholen. Die Bluse ausziehen, auf rechts wenden und anprobieren und die Abnäher ggf. korrigieren. Nehmen Sie eventuell einen Stoffmarkierstift zu Hilfe ⓐ. Überprüfen Sie, ob die Abnäher symmetrisch identisch sind und außerdem den gleichen Abstand zur Knopfleiste haben. Falls die Bluse bereits Abnäher hat, diese jedoch zu flach sind und daher nicht die gewünschte Passform ergeben, korrigieren Sie sie mit der hier beschriebenen Technik.

Schritt 2
Beginnen Sie am Saum des Abnähers und sichern Sie den Faden mit Rückstichen. Nähen Sie entlang des Abnähers bis zum Endpunkt entweder mit kleinen Rückstichen von Hand ⓑ oder mit dem Geradstich der Nähmaschine (1,5 mm Stichlänge). Zum Schluss den Faden verknoten und abschneiden. Schritt 2 für den anderen Abnäher wiederholen.

Schritt 3
Die Abnäher flach bügeln. An der breitesten Stelle (etwa auf Höhe der Taille) einen kleinen v-förmigen Einschnitt in den Abnäher machen ⓒ, damit der Stoff weicher fällt ⓓ.

Reparaturset
- Nähnadel
- Farblich passendes Nähgarn
- Nähmaschine (optional)
- Schere
- Stecknadeln
- Wasserlöslicher Stoffmarkierstift
- Maßband

KNOPF AB? FEST & FERTIG

147

Das Ausbeulen von Röcken verhindern

Der Schnitt eines Bleistiftrocks kann Ihre Figur zauberhaft umschmeicheln, aber wenn er aus Leinen oder einem großmaschigen Webstoff geschneidert wurde, kann er sich durch die Dehnung im unteren Rückenbereich mitunter „setzen" und so stark verformt haben, dass er schlapp herunterhängt und unvorteilhaft aussieht. Mit einer Bügeleinlage können Sie verhindern, dass der Rock beim Tragen zu stark überdehnt wird. So sieht Ihr Rock stets glatt aus und behält seine perfekte Passform.

Schritt 1
Wenden Sie den Rock auf links und schieben Sie ihn mit der Rückseite nach oben auf das Bügelbrett. Messen Sie von der Seitennaht zur rückwärtigen Mittelnaht **A** sowie ca. 33 cm von der Taille abwärts in Richtung Saum **B** (auf den Abbildungen wird ein Zoll-Maßband verwendet).

Schritt 2
Schneiden Sie zwei Rechtecke mit diesen Maßen aus leichter Bügeleinlage zu **C** / **D**. Legen Sie dafür die Bügeleinlage doppelt, damit Sie nach dem Zuschneiden zwei gleich große Stücke haben.

Schritt 3
Stecken Sie die Bügeleinlage auf der Rückseite des Rocks fest, beginnen Sie dafür am Taillenbund **E**. Die Bügeleinlage mit gleichmäßigem Druck flach aufbügeln, dabei von der Mitte aus zu den Rändern bügeln. Anschließend mit einem feuchten Geschirrhandtuch abdecken und erneut kräftig bügeln **F**. So fortfahren, bis die Bügeleinlage vollständig mit dem Gewebe des Rocks verbunden ist. Für die andere Rückseitenhälfte des Rocks wiederholen.

Reparaturset
- Leichte Bügeleinlage
- Bügeleisen
- Bügelbrett
- Schere
- Maßband
- Stecknadeln
- Wasserlöslicher Stoffmarkierstift

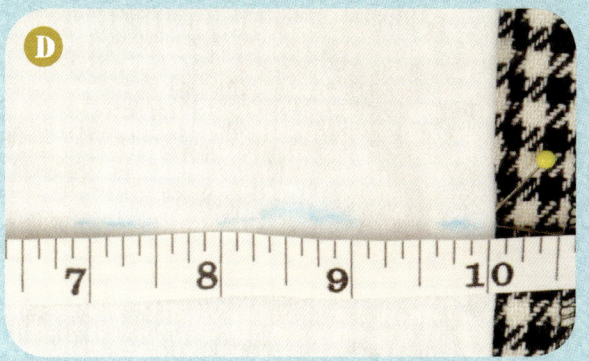

FEST & FERTIG

KNOPF AB?

149

Variationen mit Schulterpolstern

Um Schulterpolster aus einer Jacke zu entfernen, braucht es nur ein wenig Geduld. Bei breiten Schultern kann es jedoch von Vorteil sein, die Schulterpolster herauszunehmen, damit die Jacke weniger klobig aussieht. Bei schmalen Schultern unterstreichen Schulterpolster die Körperproportionen dagegen vorteilhaft.

Schulterpolster entfernen

Schritt 1
Die Jacke auf links wenden. Den Futterstoff an der Schulternaht mit einem Nahttrenner vorsichtig auftrennen ❶, dabei in der Mitte der Naht beginnen. Stoppen Sie jedoch ein Stück vor der nächsten Quernaht (Halsausschnitt oder Ärmelnaht). Trennen Sie gerade nur so viel von der Naht auf, dass die Öffnung groß genug ist, um an das Schulterpolster heranzukommen.

Schritt 2
Trennen Sie die Fäden, mit denen das Schulterpolster an der Innenseite des Kleidungsstücks ❷ festgenäht ist, mit einem Nahttrenner. Ziehen Sie das Schulterpolster heraus. Die Öffnung in der Schulternaht mit Saumstich (siehe Seite 20–21) wieder verschließen ❸.

Schulterpolster einsetzen

Schritt 1
Eine leichte, unkomplizierte Methode ohne Nähen ist die Verwendung von Schulterpolstern, die mit Hilfe eines vorgeklebten Klettverschlusses eingesetzt werden. Legen Sie die „raue" Hälfte des Klettverschlusses mit der Klebeseite auf die Innenseite der Schulternaht ❹. Legen Sie ein Bügeltuch darüber und pressen Sie mit einem warmen Bügeleisen 6–10 Sekunden kräftig darauf ❺, damit der Klebstoff mit dem Stoff verklebt.

Schritt 2
Ziehen Sie das Kleidungsstück an. Schieben Sie das Schulterpolster an die gewünschte Position und drücken Sie die Schulternaht kräftig auf das Schulterpolster. Durch den Klettverschluss wird das Schulterpolster in Position gehalten ❻. Vor dem Waschen die Polster jedoch stets entfernen.

Reparaturset
- Schere
- Nahttrenner
- Nähnadel
- Farblich passendes Nähgarn
- Schulterpolster mit Klettverschlussband (optional)
- Bügeleisen
- Bügeltuch

Schulterpolster entfernen

Schulterpolster einsetzen

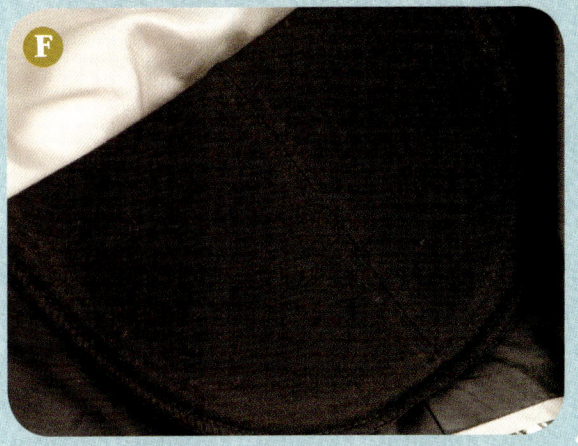

KNOPF AB? FEST & FERTIG

Taillenbund eines Rocks entfernen

Manche Röcke sind bequemer ohne Taillenbund, besonders für Frauen mit kurzer Taille. Denn dann sitzt der Taillenbund meist oberhalb der Taille und definitiv nicht dort, wo sie sich tatsächlich befindet. Das wiederum bewirkt, dass der Rock beim Tragen um den Taillenbund herum zerknittert.

Schritt 1
Den Taillenbund mit einem Nahttrenner vom Rock abtrennen **A**.

Schritt 2
Das vorgefalzte Schrägband auffalten und den Falz auf der rechten Seite bündig auf die ursprüngliche Nahtlinie des Taillenbunds feststecken **B**.

Schritt 3
Das Schrägband mit kleinen, gleichmäßigen Rückstichen von Hand oder mit dem Geradstich der Nähmaschine festnähen **C**.

Schritt 4
Die Enden des Schrägbandes etwas nach innen einschlagen **D**. Das Schrägband komplett auf die Innenseite umklappen, die Naht liegt nun an der Oberkante. Mit einem warmen Bügeleisen glatt bügeln.

Schritt 5
Das Schrägband an der Innenseite mit Saumstich (siehe Seite 20–21) festnähen **E**, dabei die eingeschlagenen Enden des Schrägbands mit festnähen. Zum Schluss die neue Taillennaht glatt bügeln.

Reparaturset

- Nahttrenner
- Schere
- Schrägband
- Nähnadel
- Farblich passendes Nähgarn
- Stecknadeln
- Nähmaschine (optional)
- Bügeleisen

KNOPF AB? FEST & FERTIG

153

Taillenbund eines Rocks oder einer Hose weiter machen

Um den Taillenbund eines Rocks oder einer Hose weiter zu machen, reicht es manchmal aus, den Verschluss zu versetzen – wer hat schon ein Konfektionsnormmaß? Ist der Taillenbund nur etwas lockerer, ist die gesamte Passform bequemer. Das einfache Versetzen des Knopfes macht hier den entscheidenden Unterschied.

FEST & FERTIG — KNOPF AB?

Schritt 1
Ziehen Sie den Rock oder die Hose an. Wenn sich der Reißverschluss bequem bis ans obere Ende hochziehen lässt, bedeutet dies, dass das Kleidungsstück bis auf den zu engen Taillenbund im Prinzip perfekt passt. Markieren Sie mit einem Stoffmarkierstift die neue Position des Knopfes oder des Verschlusses direkt auf dem Taillenbund. Das kann möglicherweise auch ganz am Ende des Taillenbunds sein Ⓐ.

Schritt 2
Entfernen Sie den Knopf oder Verschluss mit einem Nahttrenner Ⓑ.

Schritt 3
Nähen Sie den Knopf oder Verschluss an der neuen ermittelten Position auf dem Taillenbund fest Ⓒ.

Schritt 4
Den Faden an der Innenseite des Taillenbunds vernähen und abschneiden Ⓓ. Ruck zuck haben Sie sich mehr Luft zum Atmen verschafft Ⓔ!

Reparaturset
- Schere
- Nähnadel
- Farblich passendes Nähgarn
- Wasserlöslicher Stoffmarkierstift
- Nahttrenner

Franzi Pfiffig sagt ...
Tauschen Sie den Knopf doch einfach gegen einen anderen dekorativen Knopf oder Verschluss aus (siehe Seite 44–45)!

KNOPF AB? FEST & FERTIG

Taillenbund eines Rocks oder einer Hose enger machen

Am einfachsten lässt sich der Taillenbund enger machen, indem man ihn aufschneidet und die rückwärtige Naht des Kleidungsstücks auftrennt – wenn sich dort nicht gerade ein Reißverschluss befindet. Denn in diesem Fall muss der Taillenbund über die Nahtzugaben in den Seitennähten verkürzt werden.

Schritt 1
Das Kleidungsstück auf links wenden und anziehen. Den überschüssigen Stoff des Taillenbunds abstecken, entweder an der rückwärtigen Naht oder an beiden Seitennähten gleichmäßig verteilt. Die neue Nahtlinie mit Stoffmarkierstift oder Schneiderkreide einzeichnen. Wenn Sie den Taillenbund an der rückwärtigen Naht enger machen wollen, entfernen Sie den oder die Verschlüsse vom Taillenbund mit einem Nahttrenner und legen Sie sie bis zu Schritt 5 beiseite.

Schritt 2
Schneiden Sie den Taillenbund vorsichtig durch, um an die senkrechte Naht und die Nahtzugabe heranzukommen. Trennen Sie die rückwärtige Naht von der Taillenlinie abwärts mindestens 13 cm weit auf **A**.

Schritt 3
Stecken Sie die neue Naht, wie in Schritt 1 eingezeichnet, ab **B**, beginnen Sie dabei am Taillenbund, um zu kontrollieren, ob die abgesteckten Maße korrekt sind. Die Naht in einer sanften Linie nach unten stecken, bis sie in die Originalnaht übergeht.

Schritt 4
Den Taillenbund wieder am Kleidungsstück feststecken, orientieren Sie sich dabei wieder an den Markierungslinien aus Schritt 1 **C**. Probieren Sie das Kleidungsstück noch einmal an, bevor Sie den Taillenbund und die rückwärtige Naht bzw. die beiden Seitennähte festnähen. Wenn Sie mit der Passform zufrieden sind, nähen Sie die entsprechenden Nähte mit Rückstich von Hand oder mit der Nähmaschine zusammen. Bestreichen Sie die offenen Stoffkanten des durchgeschnittenen Taillenbundes zuvor mit Textilkleber, damit der Stoff nicht ausfranst.

Schritt 5
Nun wird der Verschluss des Taillenbunds wieder angebracht, also der Knopf oder Metallverschluss, Haken und Öse, was auch immer Sie auf den neuen, verkürzten Taillenbund aufnähen wollen.

Reparaturset
- Nahttrenner
- Schere
- Nähnadel
- Farblich passendes Nähgarn
- Schneiderkreide oder wasserlöslicher Stoffmarkierstift
- Textilkleber gegen Ausfransen

KNOPF AB? FEST & FERTIG

Tunnelzugband auswechseln

Wenn das Tunnelzugband am Taillenbund eines Kleidungsstück nicht übernäht wurde und aus dem Tunnel herausrutscht – was häufig bei Jogginghosen passiert –, gibt es eine wirklich einfache Methode, das Band wieder einzuziehen und außerdem zu verhindern, dass das Problem erneut auftritt.

Schritt 1
Stecken Sie eine Sicherheitsnadel in ein Ende des Zugbandes **A**.

Schritt 2
Schieben Sie die Sicherheitsnadel mit dem Zugband in den Tunnel. Rüschen Sie den Stoff und schieben Sie die Sicherheitsnadel möglichst weit **B**. Dann halten Sie die Sicherheitsnadel fest und ziehen den Tunnel mit der anderen Hand glatt. So fortfahren, bis Sie die Sicherheitsnadel rundum geschoben haben und Sie sie aus dem anderen Loch herausziehen können **C**.

Schritt 3
Verknoten Sie die beiden Enden des Tunnelzugbandes **D** oder fädeln Sie je eine Perle auf jedes Ende und verknoten Sie sie einzeln, damit das Band nicht mehr in den Tunnelzug eingezogen werden kann.

Peter Praktisch sagt ...

Ein Gummiband zieht man genauso in einen Tunnelzug ein und näht die Enden flach übereinander fest.

Reparaturset
- Schere
- Sicherheitsnadeln
- 2 Perlen (optional)

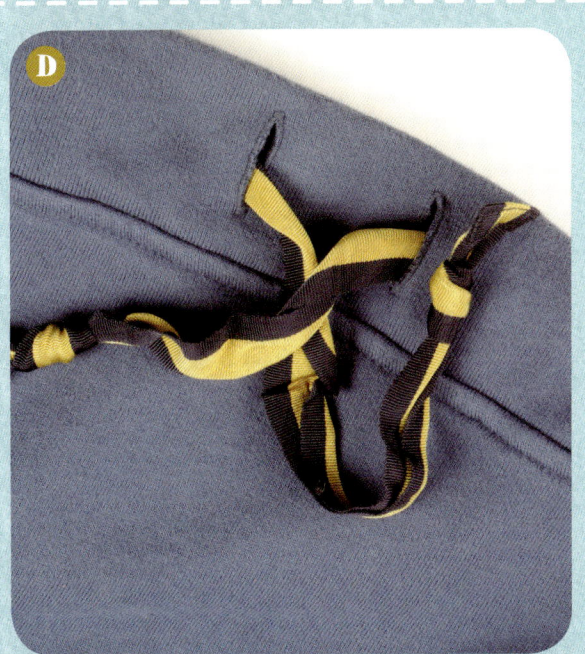

FEST & FERTIG

KNOPF AB?

Griff am Reißverschlussschieber erneuern

Wenn sich der kleine Griff vom Reißverschlussschieber löst, können Sie bei dieser Gelegenheit einen schicken neuen entwerfen, der z. B. aus einer Perle oder einem Schlüsselring mit individuellem Dekor besteht.

Schritt 1
Biegen Sie den Greifring des Reißverschlussschiebers mit einer Kettenzange nur so weit auf, dass Sie ihn durch den Schieber stecken können **A**.

Schritt 2
Schieben Sie den Greifring durch die Lasche des Schiebers und biegen Sie die Enden mit zwei Zangen wieder so zusammen, dass sie wieder ringförmig geschlossen sind **B**, achten Sie darauf, dass auch die Lücke an den Enden vollständig geschlossen ist.

Schritt 3
Fädeln Sie einen doppelten Faden starkes Nähgarn ein und ziehen Sie große und kleine Perlen in beliebiger Länge auf **C**. Ziehen Sie die Perlenreihe durch den Greifring **D**.

Schritt 4
Stechen Sie die Nadel durch die Perlen zurück und verknoten Sie die Fäden, den Knoten evtl. mit Textilkleber bestreichen **E**.

Franzi Pfiffig sagt …

Herkömmliche Griffe für Schieber erhalten Sie oft in Läden für Modeschmuck oder in den meisten Kurzwarenhandlungen.

Reparaturset
- Griff für Reißverschlussschieber
- Kettenzange
- Flachzange
- Nähnadel
- Nähgarn
- Textilkleber gegen Ausfransen
- Perlen

A

B

C

D

KNOPF AB? FEST & FERTIG

E

161

Abnäher in Falten ändern

Wenn ein Rock oder eine Hose unter dem Taillenbund zu eng ist und Abnäher vorhanden sind, kann man etwas Platz für den Bauch schaffen, indem man die Abnäher herauslässt und sie in Falten verwandelt. Wenn Sie einen sehr flachen Bauch haben, können Sie damit erreichen, dass sich der Stoff schön anschmiegt.

Schritt 1
Trennen Sie die Naht am Taillenbund rechts und links des Abnähers mit einem Nahttrenner auf Ⓐ.

Schritt 2
Trennen Sie den Abnäher Ⓑ ebenfalls auf und bügeln Sie den Stoff des Abnähers mit einem warmen Bügeleisen flach.

Schritt 3
Legen Sie den Stoffüberschuss an der oberen Kante des herausgelassenen Abnähers in eine Falte und stecken Sie ihn fest Ⓒ.

Schritt 4
Schieben Sie die Falte in die Öffnung am Taillenbund zurück und stecken Sie sie dort fest Ⓓ. Zum Schluss den Taillenbund wieder sauber zunähen, entweder mit feinen, gleichmäßigen Rückstichen von Hand Ⓔ oder mit dem Geradstich der Nähmaschine.

Peter Praktisch sagt …
Um zu verhindern, dass Falten unschön aufklaffen, können sie von der rechten Stoffseite abgesteppt werden.

Reparaturset
- Nahttrenner
- Nähnadel
- Farblich passendes Nähgarn
- Bügeleisen
- Nähmaschine (optional)

KNOPF AB? FEST & FERTIG

Falten in Abnäher ändern

Wenn eine Falte unattraktiv aufklafft, kann sie in einen Abnäher umgeändert werden, so schmiegt sich die Kleidung sanft an den Körper an. Durch den Abnäher erhält die Kleidung eine kurvige Form, und so wird auch ein kräftigerer Bauch oder eine stärkere Brust angenehm umhüllt.

Schritt 1
Trennen Sie am Taillenbund ein kleines Stück rechts und links neben der Falte auf, um an die Naht, die die Falte hält, heranzukommen **A**.

Schritt 2
Stecken Sie den Stoff der Falte um in einen Abnäher **B**. Die Stoffmenge der Falte sollte an der Oberkante in zwei gleich große Hälften gefaltet werden. Das Ende der Falte nach unten zu einer sauberen Spitze auslaufen lassen und feststecken.

Schritt 3
Nun die Falte entweder mit feinen Rückstichen von Hand oder mit dem Geradstich der Nähmaschine zu einem Abnäher zusammennähen **C**. Anfang und Ende der Naht jeweils durch einige Rückstiche verriegeln.

Schritt 4
Den Abnäher mit dem warmen Bügeleisen auf die Seitennaht bügeln, bis er flach anliegt, und vorsichtig in die Öffnung am Taillenbund zurückschieben, feststecken und den Taillenbund wieder zunähen **D**.

Franzi Pfiffig sagt ...

Abnäher verbessern die Passform eines Kleidungsstücks. So kann der Stoff auch einen runderen Bauch angenehmer umhüllen.

Reparaturset
- Nahttrenner
- Nähnadel
- Farblich passendes Nähgarn
- Bügeleisen
- Nähmaschine (optional)
- Stecknadeln

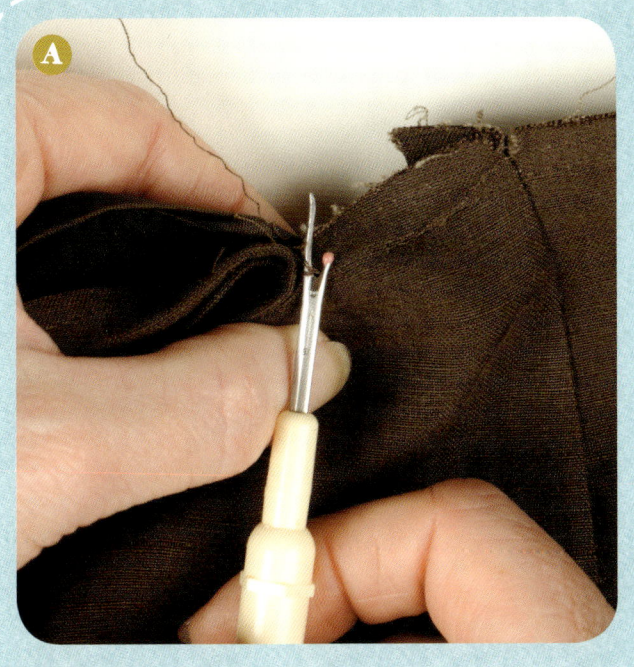

KNOPF AB? FEST & FERTIG

Hersteller

Stoffe

Freudenberg Vliesstoffe KG

Höhnerweg 2-4
69469 Weinheim
www.freudenberg.de

**Kurt Frowein
GmbH & Co. KG**

Lenneper Straße 130c
42289 Wuppertal
www.kurt-frowein.de
info@kurt-frowein.de

**Stoffe Brünink & Hemmers
GmbH**

Ahauser Hof 1
48527 Nordhorn
www.stoffehemmers.de
service@stoffe-hemmers.de

Westfalenstoffe AG

Albrecht-Thaer-Straße 2
48147 Münster
www.westfalenstoffe.de
info@westfalenstoffe.de

**Zweigart & Sawitzki
GmbH & Co. KG**

Fronäckerstraße 50
71063 Sindelfingen
www.zweigart.de
info@zweigart.de

Nähmaschinen

Bernina Nähmaschinen GmbH

Ludwig-Winter-Str. 3
77767 Appenweier
www.bernina.com
beda@bernina.com

Brother International GmbH

Im Rosengarten 11
61118 Bad Vilbel
www.brothersewing.de
info@brothersewing.eu

Janome Deutschland GmbH

Opelstraße 20-22
64546 Mörfelden-Walldorf
www.janome.de

Für Pfaff:

VSM Deutschland GmbH

An der RaumFabrik 34
76227 Karlsruhe
www.pfaff.com
germany.info@europe.svpworldwide.com

HERSTELLER

KNOPF AB?

Zubehör

Buttinette Textil-Versandhaus GmbH

Industriestr. 22
86637 Wertingen
www.buttinette.de
service@buttinette.de

Gütermann AG

Landstraße 1
79261 Gutach-Breisgau
www.guetermann.com
contact@guetermann.com

KnorrPrandell GmbH

Michael-Och-Straße 5
96215 Lichtenfels
www.knorrprandell.de
KnorrPrandell@crhogroup.com

Für Madeira Garne:
Ulrich + Michael Schmidt & Co. GmbH

Hans-Bunte-Straße 8
79108 Freiburg
www.madeira.de

Prym Consumer GmbH

Zweifaller Straße 130
52224 Stolberg
www.prym-consumer.de
info@prym-consumer.com

Rayher Hobby GmbH

Fockestraße 15
88471 Laupheim
www.rayher-hobby.de
info@rayher-hobby.de

HERSTELLER

KNOPF AB?

Österreich

Elna Nähmaschinen Austria

Leopold Strasse 41B
6020 Innsbruck
http://www.elna.at
office@elna.at

textilshop.at

Bad Haller Straße 24/5
4550 Kremsmünster
www.textilshop.at
office@textilshop.at

Schweiz

Bernina Schweiz AG

Gubelstrasse 39
8050 Zürich
www.bernina.ch
info@bernina.ch

Buttinette Textil-Versandhaus GmbH

Zweigniederlassung Schweiz
Werkstrasse 10
9444 Diepoldsau
www.basteln-ch.buttinette.com
service@buttinette.ch

HERSTELLER

KNOPF AB?

Glossar

Abnäher
Eine in den Stoff eingenähte Falte, die am Ausgangspunkt breiter ist und zum Ende hin spitz zuläuft. Abnäher verwendet man meistens in der Damenschneiderei, um Kleidungsstücken bestimmte Formen zu geben.

Bügeltuch
Ein Tuch, das zwischen Bügeleisen und Stoff gelegt wird, um zu verhindern, dass empfindliche Stoffe durch die Hitze Schaden nehmen. Es eignet sich jedes dünne Tuch aus Baumwolle.

Einlage
Eine aufbügelbare oder einnähbare Einlage aus Vlies oder Gewebe. Stabilisiert die Kleidung beim Nähen und im Gebrauch.

Leinen
Eine Naturfaser, die zu Webstoffen verarbeitet wird und in einer Vielzahl unterschiedlicher Qualitäten und Texturen erhältlich ist.

Maßband
Ein flexibler Kunststoff-Streifen mit Längeneinheiten, um Längen, Breiten, Höhen oder einen Umfang zu messen.

Nahttrenner
Kleines Werkzeug mit einer gebogenen Klinge zum Auftrennen von Nähten. Die Spitze der Schneide wird unter den Faden geführt und mit der innenliegenden Schneide durchtrennt, ohne den Stoff zu verletzen.

Reine Seide
Naturfaser, die zu Webstoffen verarbeitet wird. Sie ist in unterschiedlichen Qualitäten erhältlich. Die Stärke wird in Momme angegeben (Gewicht pro qm).

Saumband
Schmales Band aus Vlies, beidseitig mit einer Klebeschicht versehen, um Säume anzubügeln.

Schneiderkreide
Kreide für Markierungen auf Stoff. Die Kreide kann leicht herausgeschüttelt werden. Schneiderkreide ist als rundes oder eckiges Stück oder als Stift erhältlich.

Schrägband
Schmaler, im schrägen Fadenlauf (im 45°-Winkel zur Webkante) geschnittener Stoffstreifen, meist vorgefalzt, zum Versäubern offener Stoffkanten. Durch den Schrägschnitt schmiegt sich der Streifen problemlos um gerade und runde Kanten an.

Transparentes Nylongarn
Dieses Garn wird häufig in der maschinellen Fertigung verwendet. Das Garn ist ideal für schnelle Notreparaturen an Kleidungsstücken, da man nicht darauf achten muss, ob es farblich zur Kleidung passt.

Vliesofix / Bügelvlies
Ein beidseitig aufbügelbares Vlies, meist mit Trägerpapier auf einer Seite. Bei Hitzeeinwirkung verschmilzt die Klebeseite mit dem Stoff. Wird häufig zum Aufbringen von Applikationen verwendet.

Wasserlöslicher Stoffmarkierstift
Ein farbiger Stofffilzstift für vorübergehende Markierungen auf Stoffen. Die Farbe löst sich bei Kontakt mit Feuchtigkeit oder Wasser auf.

KNOPF AB? GLOSSAR

Nähmaschinennadeln

Code	Farbcode	Anwendung
H	keiner	Universalnadel (Rundspitze), Batist, (Halb-)Leinen, Popeline, Kunstseide
H-E	rot	Ziersticknadel, Effektgarn
H-J	blau	Jeans, Denim, Segeltuch, Kord, Folie, Wachstuch (spitze Rundspitze, stärkerer Schaft)
H-M	lila	Microtex, Seide (spitze Rundspitze)
H-Q	grün	Quilten, Steppen
H-S(UK)	gelb	Stretch, Jersey, Lycra, elastische Materialien, Strick-/Wirkwaren (kleine Kugelspitze)
H-LL	braun	Leder

Diese Übersicht der wichtigsten Abkürzungen gilt für das am weitesten verbreitete System 130/705 H (Flachkolben). Nähmaschinennadeln sind am Schaft mit diesen Farben gekennzeichnet. Unmarkiert handelt es sich in der Regel um eine Universal- oder Jerseynadel. Legen Sie sich Nadeln für unterschiedliche Materialien zu. Die Auswahl der richtigen Nadel ist für ein sauberes Nahtbild unerlässlich. Die Stärke des Schafts, die Länge des Öhrs und die Form der Nadelspitze sind für die jeweiligen Materialien optimiert und vermeiden Beschädigungen am Nähfaden und Gewebe.

Achten Sie auch beim Handnähen auf die richtige Auswahl der Nadel, die sich ebenfalls durch die Stärke des Schafts und durch die Beschaffenheit von Öhr und Nadelspitze unterscheiden: Runde Spitzen verletzen das Gewebe nicht (für Wolle und Kreuzstich), Spitze Spitzen dringen leicht durch feste Gewebe. Längere, dünne Nadeln eignen sich gut fürs Heften, kürzere zum Nähen, sehr dünne zum Aufnähen von Perlen und Pailletten.

Über die Autorin

Joan Gordon ist international als Fachberaterin tätig und hat kunsthandwerkliche Fertigkeiten und Nähtechniken bereits in Australien, Neuseeland und Großbritannien unterrichtet. Mit großer Leidenschaft beschäftigt sie sich mit traditioneller und moderner Schmuckgestaltung, Kunsthandwerk und Nähkunst und teilt ihr Wissen und ihre Erfahrung mit Menschen aller Generationen.

Mehrere Jahre war Sie in Queensland Landesvertreterin für die australische Ausgabe von *McCalls Patterns*, einer vormals monatlich erscheinenden, ursprünglich amerikanischen Frauenzeitschrift, und gründete später ihr eigenes Unternehmen „Victorian Lady". Bevor sie ihr berufliches Tätigkeitsfeld nach Großbritannien verlegte, war sie nationale Koordinatorin für Promotion und Näharbeiten bei Kwik.Sew Patterns in Brisbane.

Als Beraterin für Näharbeiten und Design arbeitet und schreibt Joan derzeit für Verlagshäuser und Event-Agenturen in Großbritannien. Einige Male im Jahr gibt sie Workshops in ihrem Studio in *The Model House, Llantrisant, Wales*.

Joan hat vier DVDs zum Thema Perlenschmuck mit herausgegeben und gestaltend daran mitgewirkt, hat für viele Zeitschriften, wie *Australian Stitches, Popular Crafts, Sewing World, Craft Beautiful, Simply Cards and Paper, Making Cards* und *My Weekly*, geschrieben und ist die Autorin von *The Silk Ribbon Embroidery Bible* (Quarto publications). Darüber hinaus ist sie Co-Designerin und Herausgeberin der britischen Handarbeitszeitschrift *Beads & Beyond*, die bei Traplet Publications erscheint, sowie beratende Herausgeberin bei der innovativen britischen Schmuckzeitschrift *Making Jewellery* von GMC Publications.

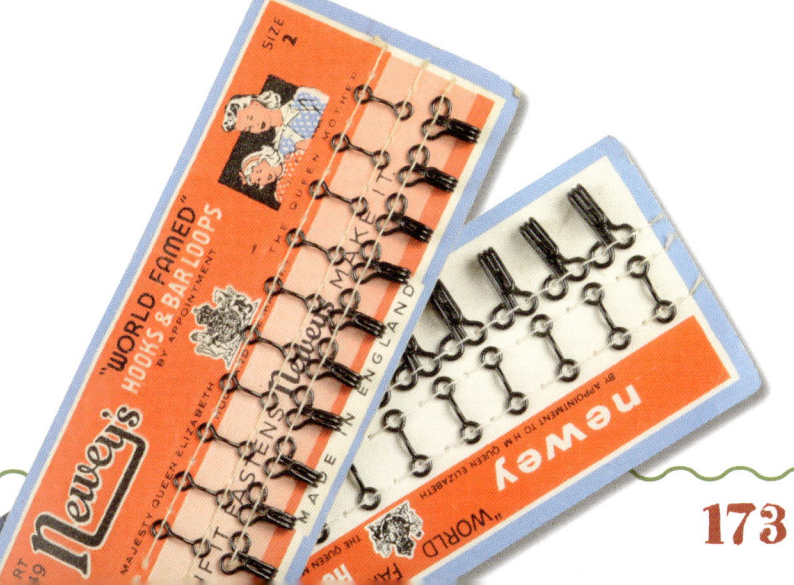

Stichwortverzeichnis

A

Abnäher 170
   auftrennen 162-3
   in Falte änden 164-5
   nähen 146
Alternative Verschlüsse 44-45
Aufbügeln
   Bügeleinlage 12, 130-131
   dekorative Motive 64-65
   Flicken 12, 62-63
   Klettverschlüsse 48-49
   Saumband 90-91

B

Baumwollgarn 12
Baumwollstoff 14
BH
   Drahtbügel 126-127
   rutschende Träger 124-125
   Träger reparieren 120-121
   Verlängerung 122-123
Blindstich 104-105
Blusen
   Abnäher nähen 146-147
   enger machen 144-145
Bordüre aufnähen 112-113
Bordüren 112-113
Broschen 62-63
Bügeleinlage 35, 130-131, 170
Bügeltuch 170
Bügelvlies 90, 130, 170

D

Dekorative Bänder/Bordüren 112
Dekorative Knöpfe 37, 44-45
Dekorative Motive zum Aufbügeln 12, 64-65
Dekorative Nieten an Jeans 54-55
Dekorative Perlen 142
Dekorative Verschlüsse 44-45
Doppelseitiges Klebeband 60-61
Druckknöpfe 12, 42-43

E

Einfädler 12, 16
Elastischer Stoff 86-87
   Löcher ausbessern 136-137
   Säume 116-117

F

Falten 162-165
Fingerhut 12
Flicken
   dekorative 12
   Lederflicken 62
   zum Aufbügeln 12, 62-63
Gewachstes Nähgarn 36
Gummiband 12, 120

H

Haken und Ösen 12, 38-41
   am Taillenbund 40-41
   annähen 38-39
Halsausschnitt verengen 142-143
Hemdtaschen 140-141
Hexenstich 22-23
Hosen
   kürzen 110-111
   Nähte reparieren 84-85
   Reißverschluss auswechseln 72-73
   Saum an ausgefransten Hosen 98-101
   Saum auslassen 108-109
   Taillenbund enger machen 156-157
   Taillenbund weiter machen 154-155
   weiter machen 162-163

J

Jeans-Metallknöpfe 54-55

K

Klettband 12
Klettpunkte 12, 48, 64-65
Klettverschlüsse
   aufbügeln 48-49
   aufnähen 46-47
   zum Reparieren 64-65
Knebelverschlüsse 44
Knöpfe 12
   dekorative 37, 44-45
   Ösenknöpfe 32-33
   Vier-Loch-Knöpfe 30-31
   Zwei-Loch-Knöpfe 28-29
Knopflöcher
   nähen 34-35
   ausbessern 36-37
Knopflochstich 20-21
Knoten 16-19

L

Lederflicken 62
Ledergürtel, Löcher stanzen 56-57
Leinen 14, 170
Löcher
   in elastischen Stoffen 136-137
   in Gürtel stanzen 56-57
   stopfen 132-133

M

Maßband 170
Metall-Druckverschlüss auswechseln 50-51
Metallknöpfe an Jeans 54-55
Metall-Ösen auswechseln 52-53
Motive zum Aufbügeln 64-65

N

Nadel einfädeln 16–17
Nähgarn 12
   gewachst 36
   transparent 170
Nähkästchen 10
Nähmaschine 25
   Bordüren aufnähen 112–113
   Knopflöcher 34–35
   Reißverschlüsse auswechseln 70–75
   Rollsaum 114–115
   Saumlinien abdecken 112–113
   Stopfen 132–133
Nähset für die Reise 10
Nähsets 10–13
Nähte 78–87
   an elastischem Stoff 86–87
   auftrennen 18
   auslassen 82–83
   im Hosenschritt reparieren 84–85
   Kleidung enger machen 80–81, 144–145
   mit Rückstich 78–79
   reparieren 84–87
   versetzen 80–83
Nahttrenner 170
Nylongarn, transparent 170

P

Papierklemmen 62–63
Polyester 14

R

Reißverschluss 12, 68–75
   an Hosen 72–73
   beidseitig verdeckt 68–69
   einseitig verdeckt 70–71
   Schiebergriff 160–161
   unsichtbar 74–75

Reparatur-Nähsets 10–13
Röcke
   Abnäher in Falten ändern 162–163
   Ausbeulen verhindern 148–149
   Falten in Abnäher ändern 164–165
   Taillenbund enger machen 156–157
   Taillenbund entfernen 152–153
   Taillenbund weiter machen 154–155
Rückstich 22–23

S

Saumband 12, 90–91, 170
Säume 90–117
   absteppen 102–103
   an ausgefransten Hosen 98–101
   ausbessern 92–93
   auslassen 108–109
   bei elastischem Material 116–117
   eines gefütterten Rocks reparieren 106–107
   Kleidung kürzen 110–111
   mit Blindstich 104–105
   mit der Nähmaschine 102–105
   mit Hexenstich 92–93
   mit Saumstich 96–97
   nähen 102–105
   Rollsaum 114–115
   Saumlinien abdecken 112–113
   unsichtbar 94–95
Saumstich 20, 21
   säumen 96–97
Schere 12
Schneiderkreide 12, 170
Schneiderschere 12
Schnell-Befestigungen/-Reparaturen 60–65, 130–131
Schrägband 12, 170
Schulterpolster 150–151
Seide 14, 170

Sicherheitsnadeln 60
Steppstich (Nähmaschine) 102–103
Sticharten (Hand) 18–24
   Hexenstich 22–23
   Knopflochstich 20–21
   Rückstich 22–23
   Saumstich 20–21
   Vorstich 18–19
   Zickzackstich 24
Stickschere 12
Stoffe 14
Stopfen 132–133
Strickkleidung, Ziehfäden 134–135

T

Tacker 60–61
Taillenbund
   enger machen 156–157
   entfernen 152–153
   Haken und Ösen befestigen 40–41
   Tunnelzugband einziehen 158–159
   weiter machen 154–155
Textilkleber 12, 62–63
Transparentes Nylongarn 170
Tunnelzugband auswechseln 158–159

U

Unsichtbare Reparaturen 138–139

W

Wasserlöslicher Stoffmarkierstift 12, 170
Wolle 14, 134–135

Z

Zickzackstich 24
Ziehfäden in Strickkleidung 134–135
Ziersteppnähte 102–103